EL
PODER
DEL
LIDERAZGO
POSITIVO

Cómo y por qué los líderes positivos
transforman equipos y organizaciones
y cambian el mundo

BEST
SELLER
de
*Wall Street
Journal*

EL

PODER

DEL

LIDERAZGO
POSITIVO

JON GORDON
Autor del bestseller *El autobús de la energía*

WILEY

Publicado por John Wiley & Sons, Inc., Hoboken, Nueva Jersey.
Publicado simultáneamente en Canadá.

Publicado originalmente como *The Power of Positive Leadership: How and Why Positive Leaders Transform Teams and Organizations and Change the World*. Copyright 2017 by Jon Gordon.

Para obtener información general sobre nuestros productos y servicios o para obtener soporte técnico, por favor comuníquese con nuestro Departamento de Atención al Cliente dentro de los Estados Unidos al (800) 762-2974, fuera de los Estados Unidos al (317) 572-3993 o fax (317) 572-4002.

Wiley también publica sus libros en diferentes formatos electrónicos. Parte del contenido que encontrará en la versión impresa puede no estar disponible en formatos electrónicos. Para obtener más información sobre los productos de Wiley, visita www.wiley.com.

Datos de catalogación de publicación de la Biblioteca del Congreso:

ISBN: 9781394348015 (pbk)
ISBN: 9781394354696 (epub)
ISBN: 9781394354702 (ePDF)

Diseño de portada: Wiley
Imagen de portada: © abzee/Getty Images

SKY10099641_030925

*A Ken Blanchard, por enseñarme y demostrarme cómo
vive y lidera un auténtico líder positivo.
Tu ejemplo y apoyo cambiaron mi vida, por lo que
te estaré eternamente agradecido.*

Contenidos

Contenidos

x

Contenidos

Contenidos

EL
PODER
DEL
LIDERAZGO
POSITIVO

Capítulo 1

Cambia la mentalidad negativa por una positiva

Mantener una mentalidad positiva no solo mejora tu vida, también la de los que te rodean.

Capítulo 1

Cambia la mentalidad negativa por una positiva

No soy una persona naturalmente positiva. Todos creen que sí por mis libros y presentaciones, pero la verdad es que tengo que esforzarme mucho para mantenerme positivo. No me resulta fácil. Es más, me resulta irónico escribir un libro como este y que mi trabajo se centre en la importancia de la positividad. Es cierto que enseñamos lo que necesitamos aprender. Sé que mi viaje para convertirme en una persona más positiva y en un mejor líder me ha convertido en un mejor maestro.

Crecí en Long Island, Nueva York, en una familia judía-italiana con mucha comida, culpa, vino y quejas. Mis padres eran muy afectuosos, pero no las personas más positivas del mundo. Mi papá era un oficial de la policía de la ciudad de Nueva York que trabajaba encubierto en narcóticos. Luchaba contra el crimen todos los días y no era fanático de la positividad. Recuerdo que una mañana le dije: «Buenos días, papá» y él respondió con su acento neoyorquino: «¿Qué tiene de bueno?». Era como Al Bundy antes de que existiera Al Bundy.

A mis 31 años, ya casado y con dos hijos pequeños era temeroso, negativo, estaba estresado y me sentía triste. Mi esposa cansada de todo esto me dio un ultimátum: tenía que cambiar o nuestro matrimonio se acababa. Sabía que tenía razón, necesitaba cambiar. Permití que el estrés y el miedo de no poder mantener a mi familia tomaran el control de mi vida. Le prometí cambiar y comencé a investigar formas de ser más positivo. En esos días, la psicología positiva era un área en desarrollo, y leí todo lo que pude. Comencé a aplicar la positividad y a escribir sobre mis experiencias. Conocí a Ken Blanchard, quien se convirtió en mi modelo a seguir. Comencé a hacer caminatas de «agradecimiento» para practicar la gratitud, disfrutar del aire libre y sentirme agradecido en lugar de estresado. Esta práctica cambió mi vida, no solo me llenó de energía de manera física, emocional y espiritual, sino que también me permitió tener muchas ideas y pensamientos profundos.

Una de esas ideas fue *El autobús de la energía*. Si no tuviste la oportunidad de leerlo, te cuento que se trata de George, un hombre triste y negativo, con problemas en el trabajo y en la casa. Para mí, escribir sobre George fue fácil porque estaba basado en mi persona y mi lucha con la negatividad y la adversidad. George se despierta un lunes y encuentra su auto con un neumático pinchado, por lo que tiene que tomar el autobús para poder ir a trabajar. En el autobús conoce a Joy, la conductora, quien junto con otros personajes, le enseñan a George las 10 reglas para el *viaje de su vida*. Sus consejos lo ayudan a convertirse en una persona más positiva, en un mejor padre, esposo y líder en el trabajo. Por un lado, la historia de George demuestra que la mentalidad positiva es muy importante en los negocios, la educación, la vida y los deportes. Por otro lado, George representa el hecho de que todos nosotros necesitamos superar la negatividad, la adversidad y muchos desafíos para poder definir nuestro éxito y el del equipo.

Desde que *El autobús de la energía* se publicó en 2007, he trabajado con muchas empresas Fortune 500, negocios, equipos deportivos profesionales y de universidades, hospitales, escuelas y organizaciones sin fines de lucro que han utilizado el libro. He conocido a muchos líderes increíbles de la mentalidad positiva y he sido testigo del poder del liderazgo positivo. He visto cómo inspiran y transforman a sus equipos y organizaciones. Pude ver el impacto que tienen y los resultados que logran. También investigué a muchos líderes positivos a lo largo de la historia y aprendí sobre sus caminos hacia el éxito. Indiscutiblemente, hay un poder en el liderazgo positivo, y con este libro tengo dos objetivos. Primero, voy a explicar cómo y por qué los líderes positivos marcan la diferencia. Segundo, intentaré proporcionar un conjunto de principios simples lleno de ideas prácticas para ayudar a cualquiera a convertirse en un líder positivo. Es una de las cosas más importantes que una persona puede hacer, porque un líder positivo inspirará a muchos otros a convertirse también en líderes positivos. El año pasado, mi hija para su ensayo de admisión a la universidad escribió: «Cuando era joven, mi mamá luchaba con su salud y mi papá luchaba con sus propios pensamientos. Pero con los años, vi a mi papá esforzarse por convertirse en una persona más positiva. Luego comenzó a escribir y hablar sobre ello y a compartir su mensaje con otros. Vi a las personas cambiar para mejor, y sé que si él puede cambiar, y ellos pueden

5

cambiar, el mundo puede hacerlo». Sus palabras me hicieron llorar, porque me di cuenta de que mi decisión de ser un líder positivo impactó mucho más que mi vida: impactó mi matrimonio, a mis hijos, a mi equipo de trabajo y a todos a mi alrededor. Mi esperanza es que tú también descubras el poder del liderazgo positivo en tu vida. Sé que ser un líder positivo no solo te mejora a *ti*; mejora a todos a tu alrededor. ¡Puedes comenzar hoy!

El Poder del Liderazgo Positivo

Capítulo 2

Positivismo real

Somos positivos no porque la vida es fácil.
Somos positivos porque la vida puede ser difícil.

Crear una organización a nivel internacional requiere mucho esfuerzo. Desarrollar un equipo exitoso, construir una gran cultura, trabajar hacia una visión y construir un futuro positivo son tareas desafiantes. Es difícil cambiar el mundo. Como líder, enfrentarás desafíos, adversidades, negatividad y numerosas pruebas. Habrá momentos en los que parecerá que todo está en tu contra y que lo más fácil sería rendirse. Algunos días pensarás que tu visión es más una fantasía que una realidad. Es durante estos tiempos que el liderazgo positivo se vuelve tan importante. La verdad es que no somos positivos porque la vida es fácil. Somos positivos porque la vida puede ser difícil. El liderazgo positivo no se trata de fingir ser positivos. Es lo real lo que hace que un gran líder sea grandioso. Los pesimistas no cambian el mundo. Los críticos escriben palabras, pero no escriben el futuro. Los escépticos hablan sobre los problemas, pero no los resuelven. A lo largo de la historia podemos ver que los optimistas, los creyentes, los soñadores, los emprendedores y los líderes positivos son los que cambian el mundo. El futuro pertenece a aquellos que creen en él y tienen la creencia, la resiliencia, la positividad y el optimismo para superar los desafíos para poder hacerlo.

Manju Puri y David Robinson de la Universidad de Duke, realizaron una investigación en la que se demostró que las personas optimistas trabajan más duro, ganan más y logran más en diferentes campos[1]. El psicólogo Martin Seligman realizó una investigación en la que se comprobó que el rendimiento de los vendedores optimistas supera al de sus compañeros pesimistas[2]. Y la psicóloga Barbara Fredrickson realizó una investigación en la que se reveló que las personas que experimentan más emociones positivas tienen más capacidad de ver el panorama general, construir relaciones y prosperar en sus carreras. Por el contrario, aquellos que experimentan principalmente emociones negativas tienden a centrarse mucho más en los problemas[3]. En la investigación de Daniel Goleman se demostró que los equipos positivos rinden mucho más que los negativos[4]. En la investigación innovadora sobre relaciones de John Gottman se encontró que los matrimonios tienen muchas más probabilidades de tener éxito cuando la pareja experimenta una proporción de cinco interacciones positivas por cada negativa. Pero cuando la proporción es una a una, los matrimonios terminan en un divorcio[5]. Además, se comprobó que los grupos de trabajo con proporciones de interacción positiva a negativa mayores que tres a una, son mucho más productivos que los equipos que no alcanzan esta proporción. Los equipos con más interacciones negativas tienden a quedarse estancados y tener un bajo rendimiento. La energía positiva que compartes con tu equipo es muy importante. De acuerdo con la investigación que realizó Wayne Baker con Robert Cross «obtendrás un mayor rendimiento mientras más energía des a las personas en su lugar de trabajo». Según Baker esto sucede porque las personas quieren estar cerca de ti. La energía positiva atrae talento y alienta a las personas a contribuir con su tiempo, a ofrecer ideas y oportunidades a tus proyectos.

Baker agregó que también sucede lo contrario, la negatividad desalienta la colaboración y obstaculiza la productividad[6]. Gallup estima que la negatividad representa una pérdida económica de entre $250 y $300 mil millones anualmente, y que afecta la moral, el rendimiento y la productividad de los equipos.

Los resultados de las investigaciones son evidentes. La positividad es más que tener una mentalidad positiva, es algo revolucionario; es una fuerza poderosa que proporciona una ventaja competitiva en los negocios, los deportes y la política. Mientras que los pesimistas se quejan sobre el futuro, los vampiros de energía lo sabotean y los realistas lo mencionan, los optimistas trabajan duro para crear un futuro positivo. Con la investigación de Puri y Robinson se demostró que el optimismo puede crear una profecía autocumplida. Porque las personas positivas creen en un futuro positivo, su creencia motiva la acción y como resultado los líderes positivos invierten su tiempo y energía en fomentar una cultura positiva y compartir su visión del futuro. Lideran con optimismo y creencia, abordan y transforman la negatividad. Superan la adversidad, unen su organización y construyen relaciones fuertes. Creen en sus principios, en su gente, en el trabajo en equipo y en el futuro. Al actuar sobre estas creencias, transforman sus equipos y organizaciones, y así logran cambiar el mundo.

En los próximos capítulos, presentaré un modelo y un conjunto de principios simples pero altamente efectivos que puedes utilizar e implementar para mejorar tus capacidades de liderazgo y poner en práctica el liderazgo positivo.

El conjunto de principios

Los líderes positivos fomentan culturas positivas.

Los líderes positivos crean y comparten una visión positiva.

Los líderes positivos lideran con optimismo, positividad y creencias.

Los líderes positivos enfrentan, transforman y eliminan la negatividad.

Los líderes positivos generan equipos unidos y conectados.

Los líderes positivos crean grandes relaciones y equipos.

Los líderes positivos luchan por la excelencia.

Los líderes positivos lideran con un propósito.

Los líderes positivos tienen determinación.

Los líderes positivos fomentan culturas positivas

La cultura no es simplemente algo. Es todo.

Capítulo 3

Los líderes positivos fomentan culturas positivas

Los líderes positivos son esenciales para fomentar culturas positivas. Como líder, eres el conductor de tu autobús, responsable de dar forma al viaje que tú y tu equipo experimentarán. Una vez hablé con los líderes de un distrito escolar, principalmente directores de escuelas, compartí los mismos principios y estrategias con todos. Al final del año, recibí comentarios de dos directoras. Una directora involucró activamente a su personal, les dio el libro *El autobús de la energía* para que lo pudieran leer y analizarlo en las reuniones mensuales para reforzar los principios. Enfocó toda su energía en crear una cultura positiva, una reunión, una conversación, una interacción, un mensaje positivo, un docente y un alumno a la vez. Este enfoque transformó por completo la moral, el compromiso, la energía y la cultura de su escuela. Por otro lado, lo que me dijo la otra directora me decepcionó bastante. Dijo que simplemente entregó el libro a sus maestros y los animó a leerlo. No sabía por qué no había impactado en la escuela. En ese momento me di cuenta de que puedes darle a un equipo un autobús, pero salvo que tengan un conductor, no se moverá. No es el libro el que hace la diferencia, ni la conferencia o la ponencia, es el líder. El líder es quien fomenta la cultura.

Tu trabajo más importante

Como líder, tu trabajo más importante es fomentar la cultura de tu organización. Esta cultura debe ser positiva, energizante y alentadora. Debe fomentar relaciones fuertes, trabajo en equipo y aprendizaje continuo. También, debe permitir que las personas den lo mejor de sí. La cultura no es simplemente algo, es todo. La cultura fomenta las expectativas y creencias, que a su vez impulsan comportamientos y hábitos que finalmente moldean el futuro. El éxito comienza con la cultura que cultivas y promueves.

No puedes delegar la responsabilidad de fomentar la cultura. Requiere tu participación directa, tiempo, energía y esfuerzo. Nancy Koeper, presidenta retirada de UPS para la región noroeste priorizó la cultura mientras fomentaba una cultura positiva en la organización. Para poder mejorar la positividad, el liderazgo y las relaciones con los conductores de UPS dentro de la organización repartió *El autobús de la energía* entre los 1000 líderes de su equipo. Todos leyeron el libro, luego analizaron juntos las diferentes maneras de implementar las ideas. Después, repartieron el libro a 11 000 conductores en el distrito, y se enfocaron en interacciones positivas y relaciones mejoradas. Todavía, ninguna empresa había medido los resultados después de utilizar *El autobús de la energía*, por eso fue muy emocionante escuchar los resultados de Nancy un año después. Ella observó un aumento en el compromiso, la moral y el rendimiento, junto con una disminución en la desmotivación y el ausentismo. Nancy manejó el autobús de UPS y marco la diferencia.

Alan Mulally, el ex-CEO de Ford, lideró las transformaciones corporativas más increíbles de la historia. En 2006, cuando comenzó como CEO, Ford enfrentaba una pérdida anual de $12.7 mil millones y estaba cerca de la bancarrota. En muy pocos años bajo el liderazgo de Mulally, Ford volvió a ser rentable cada año desde 2009. Él atribuyó este éxito al enfoque de la organización, basada en crear la cultura «un único Ford», que se centraba en la idea de «un equipo» donde todos en la organización estaban comprometidos con la empresa y con el equipo. Un cambio cultural como este no ocurre de la noche a la mañana. Mulally me comentó su sistema de gestión, un conjunto simple pero muy eficaz de principios, filosofías, comportamientos y procesos para crear una cultura de unidad, aprecio, transparencia, seguridad y alegría. En otras partes del libro compartiré más sobre lo que aprendí del enfoque de Mulally, que define su liderazgo como *liderazgo positivo*, porque él es uno de los ejemplos más importantes en la historia sobre liderazgo positivo y demuestra que las grandes culturas resultan de líderes positivos que priorizan el desarrollo cultural.

La cultura supera la estrategia

Cuando Steve Jobs y Steve Wozniak fundaron Apple sabían que cultura querían crear. Querían una cultura que desafiara el *statu quo*. Esta cultura influyó en todo lo que hicieron, desde la contratación del personal hasta la creación de productos. Incluso después de la muerte de Steve Jobs, esta cultura sigue siendo central en sus operaciones. Apple es conocida por la creencia de que «la cultura supera la estrategia». Aunque tener la estrategia correcta es esencial, es la cultura la que en última instancia determina el éxito. Estoy seguro de que Apple será exitoso siempre que continúe innovando y creando desde la fuerza de su cultura. Si pierden su cultura, perderán su camino y esto podría generar su caída.

Rick Hendrick, el fundador de Hendrick Automotive Group y Hendrick Motorsports, entiende profundamente la importancia de la cultura. Hendrick Automotive es el grupo de concesionarios privados más grande de Estados Unidos y Hendrick Motorsports es la organización de carreras más exitosa en la historia moderna de NASCAR. A través de conversaciones con líderes en Hendrick Automotive y el equipo de carreras de Jimmie Johnson, he visto la fuerte cultura en ambas organizaciones. El liderazgo de Rick Hendrick es evidente en todo lo que hacen. Su equipo es humilde, motivado, agradecido, amable y siempre se esfuerza por la excelencia. Sus instalaciones son impecables y su energía positiva es contagiosa. Todos apuntan a ser los mejores y ganar. Cuando pasas tiempo con dos compañías, cuando ves el éxito de sus concesionarios de automóviles y equipos de carreras de Jeff Gordon, Jimmie Johnson y Dale Earnhardt, Jr., queda claro que la cultura no solo supera la estrategia, sino que también impulsa y fomenta un crecimiento y rendimiento excepcionales.

¿Cuáles son nuestros valores?

Construir una cultura fuerte comienza con dos preguntas fundamentales: 1) ¿Cuáles son nuestros valores? 2) ¿Por qué queremos ser reconocidos? Durante mi visita a Hendrick Automotive, pregunté a los líderes de Rick cuáles eran sus valores fundamentales. Todos respondieron el *liderazgo de servicio*. Me dijeron que Rick lidera con el ejemplo, prioriza las necesidades del equipo sobre las suyas. Se asegura que todas las voces sean escuchadas, dando forma al presente y futuro de la empresa. Su equipo ejecutivo sigue este principio y fomenta el trabajo en equipo a través de la confianza y el respeto. Una frase clave de Rick es: «Ninguno de nosotros es tan inteligente como todos nosotros juntos». Todo el tiempo afirma que: «Nuestra gente es nuestra mayor ganancia. Si cuidamos a los empleados ellos cuidarán a los clientes y si trabajamos juntos lograremos mucho más». Esta filosofía se refuerza a través de reuniones semanales y mensuales en donde los empleados comparten sus mejores prácticas. Hacer que los empleados de alto rendimiento compartan su éxito en el mercado motiva a toda la organización.

La integridad es crucial en Hendrick Automotive. Los líderes están comprometidos con la honestidad, la responsabilidad y la mejora continua. Se esfuerzan por ser conocidos por su cultura ganadora y su dedicación a tener un impacto positivo en los demás y en su comunidad. Hendrick es selectivo al contratar, selecciona a las personas que se alineen con sus valores y profesionalismo. Invierten en capacitación y desarrollo para mantener el éxito y retener el talento. Como señaló Brad Stevens, director técnico de los Boston Celtics, la cultura no es solo tradición sino las personas que la viven.

De manera similar, Southwest Airlines ejemplifica la importancia de saber cuáles son tus valores. Cuando los consultores sugirieron cobrar por el equipaje facturado para aumentar los ingresos, Southwest consideró su propuesta, pero en el proceso se preguntaron algo importante: «¿Es parte

Los líderes positivos fomentan culturas positivas

de nuestros valores?». Recordaron su objetivo: «conectar a las personas con lo que es importante en sus vidas a través de viajes aéreos amigables, confiables y de bajo costo». Decidieron no cobrar por el equipaje, manteniéndose fieles a su compromiso de viajes de bajo costo. Esta decisión atrajo nuevos clientes, aumentó la cuota de mercado y mejoró los ingresos. La experiencia de Southwest muestra que cuando tu cultura guía tus decisiones, los resultados positivos siguen.

Más que palabras

Crear una cultura de alto rendimiento requiere más que solo palabras. Aunque muchas organizaciones tienen afirmaciones de misión, solo las excepcionales tienen personas que realmente aplican esa misión. Una afirmación de misión no tiene sentido a menos que tu equipo esté comprometido con ella. Cuando ofrezco conferencias a líderes, siempre les digo que no importa qué valores principales tengan escritos en las paredes de sus edificios o en sus sitios web si no se practican a diario. Tomemos a Enron, por ejemplo; uno de sus valores fundamentales era la *integridad*.

Como líder positivo, no solo debes hablar de los valores, sino también vivirlos. Tu cultura debe reflejar quién eres como líder. Si no das el ejemplo y aplicas los valores, tu cultura no prosperará. Esto es cierto para todos en tu organización. Los líderes definen la cultura, pero son las personas quienes la sostienen. El experto en educación Todd Whitaker señala que las reglas no escritas en una organización a menudo pesan más que las escritas. El ejemplo que das es lo que realmente define tu organización. No le cuentes al mundo tu misión. Demuéstrale al mundo que estás en una misión y que aplicas tus valores. Llena de energía e inspira a tu equipo a hacer lo mismo. Los líderes positivos entienden que no pueden construir la cultura solos. Comienza con el líder y se extiende a empoderar a otros para que también vivan la cultura.

Contagia lo positivo

Como líder, la energía que traes a tu equipo define su calidad. Las investigaciones realizadas por el HeartMath Institute (www.heartmath.org) indican que las emociones de tu corazón influyen en cada célula de tu cuerpo y las personas pueden percibirlas hasta a 3 metros de distancia[7]. Esto significa que transmites tus sentimientos, positivos o negativos, a tu equipo diariamente. Las investigaciones de la Universidad de Harvard respaldan que las emociones son contagiosas y afectan a quienes te rodean[8]. Tu equipo puede contagiarse de tu estado de ánimo, bueno o malo, como si fuera una gripe.

Tu actitud, energía y liderazgo son contagiosos y afectan significativamente la cultura de tu equipo. La energía positiva y contagiosa es crucial para construir grandes culturas y equipos. Cuando entras a la oficina, a una reunión o al campo, decides si vas a elevar a tu equipo o a desanimarlo. No necesitas ser extrovertido para compartir energía positiva. Significa transmitir amor, pasión, positividad y propósito desde tu corazón para tu equipo, organización y misión. Esta esencia es más impactante que las palabras.

Durante la Segunda Guerra Mundial, Winston Churchill lideró a Gran Bretaña con tal energía que parecía 20 años más joven. A pesar de la situación desesperada, Churchill se revitalizó con el desafío e inspiró a su nación con su energía y pasión contagiosas. Sus famosos discursos reflejaban su fuerza interior y convicción.

Crea una cultura que la gente pueda sentir

En el verano de 2014, visité West Point mientras el equipo nacional de baloncesto masculino de EE. UU. también estaba allí. El director técnico Mike «Coach K» Krzyzewski llevó al equipo a West Point para ayudarlos a entender la importancia de representar a los Estados Unidos. Coach K, un exalumno de West Point, jugó baloncesto allí bajo la dirección de Bob Knight y luego regresó como director técnico después de su servicio militar. Sabía que describir el lugar no era suficiente para transmitir su importancia; los jugadores necesitaban experimentarlo. El entrenador dijo: «No puedes hablar de este lugar, ver una película sobre este lugar, tienes que sentirlo, vivirlo. Vas a un lugar como este y lo entiendes». Para ilustrar esto, llevó al equipo al cementerio de West Point, donde se reunieron con las familias de los soldados caídos. Escuchar a estas familias compartir historias personales sobre sus seres queridos que murieron al servicio de su país tuvo un profundo impacto en los jugadores. Pasaron de entender los conceptos de servicio y sacrificio a realmente sentirlos. Esta experiencia nos enseña que sentir es más impactante que escuchar. Para crear una cultura significativa, no es suficiente que la gente escuche sobre lo que es importante; deben sentirlo. Cuando las personas sienten la misión y escuchan sobre ella, se comprometen verdaderamente con ella.

Invierte en la raíz si quieres el fruto

Si la cultura es tan importante ¿por qué son tan pocos los líderes que se enfocan en ella? Porque la cultura es difícil de medir. Las ventas, los ingresos, los costos, las ganancias, los objetivos, las victorias y las derrotas son todos cuantificables, pero la salud y la fortaleza de tu cultura no se miden fácilmente. Construir una cultura requiere un trabajo significativo, tiempo, energía y enfoque. Es más fácil medir los resultados (el fruto) que cultivar la cultura de base (la raíz). Como los líderes suelen ser evaluados por sus resultados, se enfocan demasiado en ellos y dejan de lado el proceso. Sin embargo, enfocarse únicamente en los resultados puede llevar al fracaso, ya que descuidar la raíz eventualmente hará que el árbol muera. No es mi opinión, es la verdad. Este principio es evidente en los equipos deportivos, los negocios, los hospitales, las escuelas, las iglesias y las familias. Para lograr un éxito duradero (el fruto), debes invertir en construir y mantener una cultura fuerte (la raíz). Si bien medir los resultados es importante, debes recordar que son una consecuencia directa de la cultura que fomentas.

En el libro que coescribí con el entrenador Mike Smith, *Primero ganas en el vestuario*, exploramos este concepto a través del ejemplo de los Atlanta Falcons. Durante los primeros cinco años de Mike como director técnico, fue el segundo

23

Los líderes positivos fomentan culturas positivas

entrenador con más victorias en la liga, detrás de Bill Belichick. Sin embargo, en las dos temporadas siguientes, el equipo solo ganó 10 juegos. ¿Qué cambió? En la quinta temporada, los Falcons llegaron al campeonato de la NFC, pero perdieron. Solo les faltaba una jugada y 10 yardas para llegar al *Super Bowl*. No pudieron hacer la jugada y perdieron el partido, después de esto se transformaron en una organización que solo se enfocaba en llegar al *Super Bowl*.

Durante los primeros cinco años de Mike como entrenador, los Falcons se enfocaron únicamente en el proceso, la cultura, las conexiones y las relaciones dentro del equipo. Pero en los dos años siguientes, todos en la organización, incluso Mike se enfocaban solo en el resultado. Si no llegaban al *Super Bowl* sería visto como un fracaso por los medios, los aficionados y la propia organización. Esta presión llevó a un declive en la cultura del equipo. Mike reconoce que no logró asegurar que los nuevos miembros del equipo entendieran y adoptaran la cultura que habían construido. El equipo aprendió de la manera difícil que la cultura puede cambiar rápidamente, al igual que el impulso en un juego de fútbol. Las presiones externas debilitaron su cultura y, como resultado, su rendimiento sufrió. La experiencia de Mike subraya la importancia de invertir continuamente en la raíz para mantener el éxito. Esta fue una lección que jamás olvidará.

Construye tu cultura todos los días

Mike Smith descubrió que la cultura no se sostiene por sí sola. Requiere un esfuerzo continuo para construirla, reforzarla, vivirla, protegerla y defenderla. Los líderes positivos reconocen que los desafíos diarios amenazan su cultura y su éxito, por lo que trabajan incansablemente para mantener su fortaleza. Hace muy poco tiempo me presenté en una conferencia en la Asociación de Entrenadores de Béisbol de Norteamérica y Kyle Stark, el subgerente general de los Pittsburgh Pirates, estaba en el público. Compartí como Kyle estaba obsesionado con la cultura y siempre buscaba formas para fortalecerla. Después de mi charla, me disculpé con Kyle por decir que estaba obsesionado. Él me respondió: «Está bien. Tienes razón. Estoy obsesionado. Esta obsesión ayudó a transformar nuestra organización, de ser perdedores constantes a contendientes persistentes, y no me detendré. Seguiré luchando por lo que hemos construido».

De muchos de estos grandes líderes, aprendí que debes invertir en tu cultura para hacerla más fuerte que todas las fuerzas que intentan destruirla. Aprendí que tu equipo debe valorar la cultura lo suficiente como para defenderla, que cuando creas una cultura por la que vale la pena luchar e inviertes en tu gente para que también quieran luchar por ella, tu organización gana la valentía para superar los desafíos y convertirse en una fuerza poderosa y positiva.

Los líderes positivos fomentan culturas positivas

Los líderes positivos crean y comparten una visión positiva

Es importante tener una visión clara y un plan detallado. El liderazgo positivo que transmite que siempre hay una solución, es fundamental, ya que tu misión es encontrar la manera de que la organización avance al siguiente nivel.

—Alan Mulally

El liderazgo positivo se enfoca en imaginar y crear un futuro mejor. Implica innovar, construir, mejorar y transformar varios sectores como la educación, la salud, los negocios, el gobierno, la tecnología y las comunidades. Aunque algunos puedan descartar ideas audaces y objetivos ambiciosos, estos son las herramientas que los líderes positivos usan para moldear el futuro y cambiar el mundo.

Considera cómo *Star Wars* comenzó como una idea en la mente de George Lucas y se convirtió en un fenómeno cultural. La visión de J.K. Rowling, de Harry Potter, se ha convertido en una parte icónica de la sociedad. John F. Kennedy imaginó enviar a un hombre a la luna, Ronald Reagan anticipó la caída del Muro de Berlín y Steve Jobs imaginó el iPod y el iPhone antes de que revolucionaran la tecnología. Líderes como Abraham Lincoln, Martin Luther King Jr. y George Washington tenían visiones de unidad, igualdad y libertad que guiaron sus acciones.

Un líder positivo ve el potencial y toma medidas para unir a las personas para lograrlo. Cada invento, proyecto, creación y transformación comienza con una idea y una visión de lo que es posible. La historia muestra que si puedes imaginarlo, puedes crearlo. Los líderes positivos aprovechan el poder de la visión para encontrar un camino a seguir. Para inspirar y reunir a las personas, debes comunicar tu visión de manera clara y convincente. Ya sea la frase «Un equipo» de Ford, o «Construyamos un planeta más inteligente» de IBM, «Diseña, construye y vende los mejores vehículos del mundo» de GM, «Sin hambre en Norteamérica» de Feeding America, «Un mundo sin Alzheimer» de la Asociación de Alzheimer, o la visión del Distrito Escolar Independiente de Fort Bend de inspirar a los estudiantes a crear un *futuro más allá de lo que pueden imaginar*, una visión sirve como un grito de guerra. Debe ser simple, memorable y emocionante. Como dijo Martin Luther King, Jr.: «Tengo un *sueño*», no dijo: «Tengo un plan estratégico que podría funcionar».

Una guía

Doug Conant, ex-CEO de Campbell Soup, enfatizó la importancia de compartir una visión cuando asumió el rol de liderazgo. Siempre comunicaba esta visión antes de cada reunión, sin importar el tamaño de la audiencia. La visión era: *construir la compañía de alimentos más extraordinaria del mundo, nutrir las vidas de las personas en todas partes, todos los días.* Conant creía que reforzar repetidamente esta visión alineaba a todos en la empresa y los dirigía hacia un objetivo en común. Incluso después de que la empresa pasó de estar al borde de la bancarrota a ser rentable, continuó compartiendo la visión y se aseguró de que todos entendieran su dirección y propósito.

La visión de un líder positivo sirve como una guía para todos en la organización. El líder debe referirse continuamente a esta guía y recordarles a todos su dirección actual y sus metas futuras. Sí, aquí estábamos ayer, esto es lo que pasó en el pasado. Pero aquí es a donde vamos *ahora*. Aunque los planes pueden no ser perfectos y el mundo cambia constantemente, siempre tendremos nuestra guía. Ofrece un camino a seguir y fomenta la unidad. Al mantener su enfoque en esta guía, el equipo puede seguir progresando.

Compartir una visión es crucial porque le da a todos algo por lo que esforzarse. Los humanos tienen un deseo inherente de grandeza y mejora. Sin embargo, el miedo, el estrés, los obstáculos y la adversidad pueden obstaculizar el progreso. Un líder que comparte una visión infunde esperanza, cree en lo imposible, defiende el potencial e inspira al equipo a seguir avanzando.

Un telescopio y un microscopio

Como líder positivo, lleva contigo tanto un telescopio como un microscopio en tu camino. El telescopio te ayuda a ti y a tu equipo a enfocarse en tu visión, en tu guía y en tus objetivos generales. El microscopio te permite concentrarte en las tareas a corto plazo necesarias para lograr esa visión. Tener solo un telescopio significa pensar constantemente en tu visión y soñar con el futuro sin tomar los pasos necesarios para realizarla. Por otro lado, tener solo un microscopio significa trabajar duro todos los días, pero frustrarse por los contratiempos y perder de vista el panorama general. Necesitas usar el telescopio con frecuencia para recordarte a ti y a tu equipo la dirección a seguir. Y necesitas usar el microscopio todos los días para enfocarte en lo que más importa y cumplir con los compromisos. Juntos, estos instrumentos guiarán a tu equipo y organización hacia tus metas.

Un ejercicio simple para los líderes es escribir su visión a gran escala y una acción específica para enfocarse en un mejor liderazgo. Anima a los miembros de tu equipo a hacer lo mismo: identificar su visión y comprometerse con una acción para lograrla.

La visión de Dabo Swinney

Durante los últimos cinco años colaboré con Dabo Swinney y el equipo de fútbol de Clemson. Hace unos años, Dabo me dijo que después de ser nombrado director técnico interino en la temporada de 2008, tuvo una reunión por la mañana con la junta directiva. No había dormido mucho y tenía muchas cosas en mente. Durante la reunión, uno de los apoderados dijo que su visión era que Clemson creara un programa como los otros colegios, con excelencia académica y un gran nivel de fútbol. Dabo estaba cansado, pero dudaba de dar su opinión. Al final, lo dijo: «Señor, no quiero faltarle el respeto, pero esa no es para nada mi visión. Mi visión es mucho más grande que esa, es crear un programa que todos quieran copiar, esa es mi visión».

En ese momento, seguro pensaron que Dabo estaba lleno de palabras positivas, pero él tenía un telescopio y un microscopio en su viaje. En 2011, Dabo estableció «lo mejor» como el estándar de Clemson, buscó la excelencia tanto dentro como fuera del campo. Desde entonces, Clemson ganó al menos 10 juegos cada año, llegó al Campeonato Nacional de Playoff de Fútbol Universitario (CFP) dos veces y lo ganó una vez. Es importante destacar que en un artículo del *Wall Street Journal*, en donde se calificaba a todos los programas de fútbol por su éxito en el campo y en lo académico, solo nombraban a Clemson y a Stanford. Esto significaba que eran los dos colegios con los logros más altos en cuanto a lo académico y deportivo. Cuando Dabo me mostró el artículo, me dijo que era de lo que más orgulloso estaba. Era su visión desde el momento en que aceptó el trabajo. Y todos los días junto con sus entrenadores y su equipo trabajaban para hacerla realidad.

Una anécdota graciosa sobre este viaje es que a los primeros días de Dabo como entrenador le pidió al director atlético de ese momento comprar un televisor para su oficina para poder ver los videos de los partidos y las prácticas. El director atlético le dijo que no estaba dentro del presupuesto y que no lo podían comprar. Por eso, fue a la tienda y lo compró con su propio dinero. Este televisor sigue siendo especial para él. Un día me dijo que si se llega a ir de Clemson, se lleva el televisor. En 2017, las expandieron las instalaciones de Clemson para incluir un complejo de fútbol de $55 millones con la tecnología de entrenamiento de última generación, habitaciones de descanso, un boliche, una piscina y *todos* los televisores que Dabo quisiera.

La visión de Dabo incluía ganar un campeonato nacional. Antes de la temporada 2015, me regaló una camiseta con las frases «Sueña el sueño» adelante y «15 de 15, 11 de enero de 2016» en la espalda. Le pregunté que significaban y me respondió que era una visión que había tenido en un sueño: «Soñé que íbamos a jugar un campeonato nacional el 11 de enero de 2016 y ganábamos, 15 veces consecutivas en la temporada. La visión era ganar los 15 juegos, por eso 15

Los líderes positivos crean y comparten una visión positiva de 15». En ese momento, me pregunté quién podría ser tan audaz para poner eso en una remera. Al final de la temporada, me di cuenta de que era el mismo hombre audaz que organizó una fiesta de pizza en el estadio de Clemson (llamado Death Valley) si el equipo lograba llegar a las eliminatorias. Lo lograron y 30 000 fanáticos llegaron al estadio para la fiesta. En ese momento, cuando Dabo dijo que tendrían la fiesta de pizza, no tenía idea de cuánta gente iría o cómo les daría de comer a todos. Pero como en la película «El campo de los sueños» (*Field of Dreams*), si lo construyes, la gente te acompañará. Las pizzerías de todo el estado se juntaron para ofrecer pizzas y fue una fiesta impresionante.

Aunque Clemson perdió el Campeonato Nacional de 2015 contra Alabama, el discurso de Dabo después del juego fue una clase magistral en liderazgo positivo. Elogió los esfuerzos del equipo, agradeció a los seniors e inmediatamente comenzó a inspirar al equipo para la próxima temporada. Su visión inquebrantable y liderazgo fueron fundamentales. Cuando Clemson regresó al Campeonato Nacional en 2016, jugaron de nuevo contra Alabama, pero está vez ganaron con un *touchdown* en el último segundo.

La trayectoria de Dabo es un testimonio del poder de la visión y el liderazgo positivo para lograr el éxito para toda la vida.

Mantén viva la visión

Para entender la importancia de mantener viva tu visión, considera a los corredores de maratón. Pocas personas abandonan en los primeros kilómetros, y aún menos lo hacen en el último kilómetro. A pesar de estar físicamente agotados cerca del final, los corredores no se rinden porque pueden ver la línea de meta. Tienen una visión de a dónde están yendo y siguen corriendo para alcanzarlo. Esto demuestra el poder de la mente y la visión. El cuerpo quiere rendirse, pero la mente lo mantiene en marcha. El mayor número de personas abandona un maratón en el kilómetro 30 aproximadamente. En este punto, están tanto físicamente exhaustos como mentalmente agotados. Corrieron mucho, pero aún les queda un largo camino por recorrer, y pierden su visión, lo que los lleva a rendirse.

Cuando doy conferencias en empresas, escuelas y organizaciones, animo a los participantes a identificar su «kilómetro 30». Todos tenemos momentos en los que sentimos ganas de rendirnos. Luego les pido que escriban la frase «Mantén viva tu visión». Este recordatorio ayuda a asegurar que no se detendrán ni se rendirán. Como Dabo, seguirán avanzando y motivarán a su equipo en el camino.

Haz que la visión cobre vida

Hasta ahora tratamos muchos conceptos e ideas, pero mi objetivo con este libro es ofrecer no solo principios, historias y filosofía, sino también ideas prácticas que puedas implementar. Una forma efectiva de convertir visiones en resultados es a través de conversaciones con tu equipo. Ya sea que lideres a 150 o 15 000 personas, comienza con tus reportes directos y anímalos a hacer lo mismo con sus equipos. Durante estas conversaciones, comparte la visión y pregunta a cada persona qué significa para ellos personalmente. Para

Los líderes positivos crean y comparten una visión positiva

que una visión sea efectiva, debe resonar a nivel individual. Por ejemplo, cuando hablé con líderes en Palmetto Health en Carolina del Sur, descubrí que los empleados podían articular claramente la visión y su significado personal.

Después de que las personas en tu equipo identifiquen que significa para ellos la visión, pregúntales cuál es su visión personal y cómo estas pueden contribuir a los objetivos más grandes de la organización. Indaga cómo puedes apoyarlos en su camino y qué necesitan de ti para sobresalir. Finalmente, analiza cómo les gustaría ser responsables de sus acciones. Tener conversaciones abiertas y honestas como esta fomenta un sentido de propósito y compromiso. Cuando los empleados entienden su papel en la visión más grande y se sienten apoyados por sus líderes, los niveles de compromiso aumentan. Exploraremos este concepto más adelante en el libro, pero por ahora, considera esto como un método efectivo para hacer que la visión cobre vida, una persona a la vez.

Mi visión

Soy un apasionado del poder de una visión, ya que me ha impulsado a superar muchos obstáculos. En 2005, en una conferencia en Portland, Oregón, estaba motivado por hablar, pero pensaba en lo agotadoras que eran mis tres franquicias de restaurantes. Leí un artículo titulado «Cómo saber cuándo vender tu negocio». Cuando volvía a casa, leí una revista completamente diferente que tenía un artículo titulado «Cómo valorar tu negocio al venderlo». Estas señales me llevaron a decidir que era momento de vender los restaurantes y enfocarme completamente en escribir y hablar en público. Mi esposa no estaba tan contenta y no era optimista, me preguntó qué pasaría si no funcionaba. Apenas hacía algunas conferencias al mes, no tenía un libro *best seller* y no seríamos ricos por vender los restaurantes. Pero si no funcionaba ¿qué? Le dije que no había otra opción. De alguna manera, todo iba a funcionar. Y en ese momento nació mi visión: inspirar y empoderar a tantas personas como fuera posible, una persona a la vez. Seis meses después de vender los restaurantes, caminaba y rezaba porque mis escritos y las conferencias no tenían muy buenos resultados, estaba lleno de dudas y miedos. Durante una caminata, se me ocurrió la idea de *El autobús de la energía*. Escribí el manuscrito en tres semanas y media, pero recibí más de 30 cartas de rechazo de editoriales. Mi agente sugirió la autoedición, en esos días no era algo tan común como ahora, por eso tomar ese camino se sentía como un fracaso.

A pesar de considerar rendirme, persistí. Tenía una visión y no dejaba de pensar en ella. Un día, en *Barnes and Noble*, noté varios libros publicados por John Wiley and Sons y me di cuenta de que no les habíamos enviado mi manuscrito. Mi agente lo envió y llegó al escritorio de Shannon Vargo. Ella decidió publicarlo. Resulta que tenía una mejor amiga con un marido de nombre George como el personaje principal y además le gustó la historia. Recuerdo haber recibido la llamada de que publicarían mi libro, fue uno de los mejores momentos de mi vida. La editorial ofreció un pequeño adelanto, pero prometió que lo publicarían en seis meses. Estaba más que feliz, no me interesaba el dinero, simplemente quería que publicaran mi libro para poder darle vida a mi visión y así compartirla.

Cuando publicaron el libro, se convirtió en un *best seller* entre los diez primeros en Corea del Sur, pero ninguna librería en Estados Unidos lo tenía. Para promover el libro, emprendí una gira por 28 ciudades para compartir el mensaje e inspirar a la gente. Mi amigo Daniel Decker me ayudó a conseguir apariciones en programas de radio y televisión locales. Aunque la asistencia a menudo era pequeña, la gira fue una oportunidad para conectarme con la gente y difundir mi visión.

La gira fue desafiante. Extrañaba a mi familia y enfrenté dificultades en el camino, pero estaba decidido. En el camino, hice conexiones valiosas que llevaron a conferencias en escuelas, empresas e incluso con un equipo profesional de deportes. Mi visión me mantuvo en marcha y dio lugar a muchas relaciones duraderas.

Diez años después, mi visión aún me impulsa. Me inspiró a escribir este libro, crear la Universidad Positiva y comenzar el programa *El autobús de la energía para escuelas*. Nuestra misión es transformar la negatividad en la educación y desarrollar líderes positivos (adultos y alumnos). Experimenté el poder de una visión en mi vida. No te comparto mi historia para que pienses algo grandioso de mí. Lo hago para que explores en tu interior y contemples tu entorno y para que sientas que posees el poder más maravilloso del universo: el poder para visualizar y crear un futuro positivo.

Capítulo 5

Los líderes positivos lideran con optimismo, positividad y creencias

La característica más importante en un líder es el optimismo.

—Bob Iger, CEO de Disney

Los resultados de las investigaciones demuestran que el optimismo es una ventaja competitiva. Después de todo, si no crees en tu visión y hacia dónde te diriges y no sos optimista de que llegarás allí, puedes rendirte antes de lograr tus objetivos. Muchos abandonan sus sueños debido a la lucha, la negatividad, la frustración, la adversidad, el miedo, el rechazo, las personas negativas y las circunstancias aparentemente insuperables. Sin optimismo, positividad y creencia, es difícil seguir adelante. Sin embargo, no tienes que rendirte o conformarte con el *statu quo*. Puedes imaginar un futuro más brillante y trabajar para crearlo. ¿Recuerdas que hablamos de Rick Hendrick en el Capítulo 3?, es el hombre que construyó Hendrick Automotive Group en el grupo de concesionarios privados más grande de Estados Unidos y convirtió Hendrick Motorsports en una organización de carreras de primer nivel. Para Hendrick el optimismo es la clave número uno para el éxito, seguido de la fe, la actitud y el entusiasmo. El optimismo, la positividad y la creencia son esenciales para que los líderes positivos logren buenos resultados.

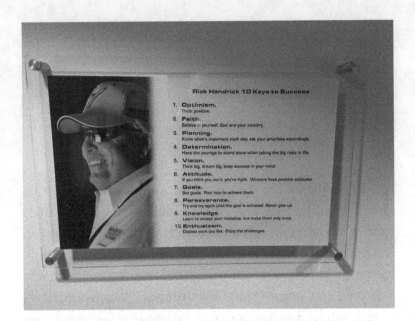

Cuando Donna Orender era la vicepresidenta senior de desarrollo estratégico para el PGA Tour, ayudó a Tour a trazar un nuevo rumbo, lanzó nuevos torneos, desarrolló modelos de ingresos sin precedentes, puso en marcha ideas e iniciativas inéditas y aumentó significativamente los ingresos televisivos y la popularidad del juego. ¿Cómo lo hizo? De la misma manera en la que elevó, transformó y aumentó la popularidad del baloncesto profesional femenino como ejecutiva de la WNBA. Lideró con optimismo y construyó una creencia colectiva dentro de su equipo. A pesar de la negatividad inicial y las dudas sobre el potencial de la organización, Orender vio pasión y optimismo en los entrenadores y jugadoras. Identificó a los creyentes, construyó un sistema de creencias optimistas a su alrededor y demostró éxitos tempranos para ganar más apoyo. Se centró en un éxito a la vez y ayudó a los que no creían a seguir adelante. Orender enfatizó la importancia de ser positivo y eficaz, afirmó: «Debes darles la excusa correcta a las personas para decir que sí. Algunos estarán totalmente comprometidos con lo que digas. A otros se lo tendrás que demostrar». Para los que todavía no creían, tenía que ayudarlos a irse, les tenía que hacer saber que no estaban en el lugar indicado. Orender decía: «Siempre confío en lo que se puede lograr. No existe problema que no pueda resolverse. Por lo general, hay muchas soluciones y lo importante es encontrar la mejor. Debes ser positivo y eficaz. Es posible ser positivo sin ser eficaz, pero se trata de decidir cómo usar nuestra energía de la mejor manera y actuar en consecuencia».

Marva Collins ejemplificó el poder del optimismo y la creencia. Frustrada por la burocracia de la educación pública, fundó Westside Preparatory School en 1975, en un barrio pobre de Chicago. Enseñó a los niños etiquetados como «con dificultades de aprendizaje» a leer, escribir y estudiar literatura clásica. Collins creía que con disciplina, estructura, trabajo duro y refuerzo positivo, estos niños podían tener éxito. Muchos de sus exalumnos, a quienes se les dijo que no podían aprender, se convirtieron en maestros, abogados, líderes de ventas y graduados universitarios exitosos. Collins y a sus exalumnos se presentaron en el programa de televisión *60 Minutes* y mostraron el impacto de un líder positivo que creía en ellos y en su potencial.

Cree que lo lograrás y tendrás resultados positivos

La gente a menudo dice que tienen que ver para creer. Sin embargo, para ver resultados, primero debes creer que son

43

posibles. William Bratton, el comisario de policía de la ciudad de Nueva York, bajo el mandato del alcalde Rudy Giuliani en los años 90, enfrentó un problema significativo de crimen. Muchos pensaban que no tenía solución, pero Bratton tuvo éxito. Cuando le preguntaron cómo lo hizo, explicó que se reunió con los jefes de los cinco distritos y le preguntó a cada uno: «¿Crees que el crimen puede reducirse en tu área?». Tres jefes dijeron que no y dos dijeron que sí. Bratton tuvo que despedir a los tres que no creían. Declaró: «¿Por qué jugar un juego que crees que no puedes ganar?».

Doug Conant enfrentó un desafío similar como CEO de The Campbell Soup Company. La empresa estaba al borde de la bancarrota o de que otra compañía la comprara. Después de evaluar el negocio, Conant tuvo que despedir a 300 de los 350 líderes principales, ya que no creían en el potencial de recuperación de la empresa. Los reemplazó con personas optimistas que compartían su visión. Juntos, se enfocaron en la nueva visión, crearon una fuerza laboral y una cultura comprometidas, y lograron una recuperación asombrosa.

No puedes compartir lo que no tienes

Como líder, no digo que debas despedir a todos los pesimistas. Lo que funcionó para William Bratton y Doug Conant puede no ser adecuado para todos. Cada situación es única. Estos ejemplos destacan la importancia del optimismo y la creencia de un líder en superar desafíos y transformar situaciones negativas. Si careces de optimismo y creencia, no puedes compartirlos. Sin ellos, no puedes transformar a tu equipo y organización. Todo comienza contigo. Antes de evaluar a tu equipo, pregúntate: ¿Eres un líder positivo? ¿Crees en el éxito? ¿Eres optimista? ¿Transmites la positividad que tu equipo necesita? Quizás eres como yo y no eres positivo por naturaleza. La buena noticia es que aún puedes cultivarlo. Puedes convertirte en un líder más positivo y compartir esa positividad con los demás.

Alimenta al perro positivo

En mi libro *El perro positivo*, Matt y Bubba son dos perros que viven en un refugio. Matt, conocido como Mutt, es muy negativo. Bubba es un perro positivo que le enseña a Matt una lección muy importante. Le explica que todos tenemos dos perros adentro nuestro: un perro negativo y un perro positivo que pelean constantemente. Cuando Matt pregunta cuál de los dos perros ganará, Bubba responde: «El que alimentas más. Así que, alimenta al perro positivo». Esta historia está basada en una fábula antigua sobre dos lobos. Ya sea que hablemos de lobos, perros o humanos, todos enfrentamos una batalla diaria entre la positividad y la negatividad. Cada momento y situación nos ofrece la oportunidad de elegir entre lo positivo y lo negativo. El perro que alimentamos se vuelve más fuerte. Así que, alimenta al perro positivo.

Háblate

El Dr. James Gills logró la increíble hazaña de completar un doble triatlón (dos triatlones seguidos con un descanso de 24 horas). Sorprendentemente, completó un doble triatlón seis veces, el último a los 59 años. Cuando le preguntaron cómo lo logró, dio el mejor consejo que alguna vez escuché:

Los líderes positivos con optimismo, positividad y creencias

«He aprendido a hablarme en lugar de escucharme». Gills memorizaba y recitaba escrituras para motivarse. Explicó: «Si me escucho, oigo todas las razones para rendirme. Escucho que estoy demasiado cansado, demasiado viejo, demasiado débil. Pero si hablo conmigo, puedo darme el ánimo y las palabras que necesito para seguir corriendo y terminar la carrera». Esto también se aplica a la vida. A menudo, escuchamos nuestras quejas, dudas, miedos y negatividad, lo que nos lleva a no ser felices y a metas no alcanzadas. Sin embargo, solo porque tengas un pensamiento negativo no significa que debas creerlo. Muchos pensamientos negativos provienen del miedo, y el miedo a menudo es engañoso. En lugar de escuchar estas mentiras negativas, podemos elegir alimentarnos con verdades positivas. Al hablarle con la verdad a las mentiras, nos llenamos de palabras, pensamientos, frases y creencias que nos dan fuerza y poder para superar desafíos y crear una vida, carrera y equipo extraordinarios. No importa qué desafíos enfrentes, sigue corriendo, mantente positivo, habla contigo (en lugar de escucharte) y ¡celebra tus logros cuando llegues a tu destino!

Todo depende de cómo lo veas

Otra forma de alimentar al perro positivo es por medio de nuestra perspectiva y de cómo vemos el mundo. Durante los entrenamientos de primavera con varios equipos de béisbol de las grandes ligas, a menudo escuché a jugadores y entrenadores describir el béisbol como «un juego de fracasos». Hasta los jugadores del *Salón de la Fama* fallan en conseguir un *hit* dos de cada tres veces, y la mayoría de los jugadores fallan tres de cada cuatro intentos. Los lanzadores permitirán *hits* y *home runs*, y los jugadores de campo cometerán errores. El fracaso es común en el béisbol. Sin embargo, ofrecí una perspectiva diferente. Les dije a los equipos: «No creo que el béisbol sea un juego de fracasos. ¡Creo que es un juego de oportunidades!». Independientemente del resultado de la última jugada, lanzamiento o turno al bate, los jugadores tienen la oportunidad de hacer que la siguiente sea grandiosa. Como dijo Babe Ruth: «Cada *strike* me acerca más al próximo *home run*». Esta perspectiva también se aplica a la vida. Cualquiera que se proponga alcanzar algo valioso a menudo fallará. Yo he fallado muchas veces, pero veo esos momentos como crecimiento y transformación. Puedes enfocarte en los fracasos pasados o mirar hacia nuevas oportunidades. La vida puede verse como un juego de fracasos o de oportunidades. Todo depende de cómo lo veas.

Cuéntate una historia positiva

Cuando ocurren eventos trágicos como el 11-S, el bombardeo de Oklahoma City o los ataques en el Maratón de Boston, *podemos elegir* la historia que contamos. Los terroristas buscan infundir miedo, desesperación y desesperanza. Sin embargo, los residentes de Nueva York, Oklahoma y Boston eligieron contar historias de fortaleza, perseverancia, coraje, fe, unidad y amor. Esta elección es crucial porque las historias que nos contamos moldean nuestras respuestas a la adversidad e influyen en cómo vivimos nuestras vidas. Cuando Charlie Ebersol, productor de televisión, sobrevivió a un accidente aéreo en donde murió su hermano menor lo primero que le dijo su madre fue: «Puedes estar triste, pero no puedes estar enojado y triste. Debes tener un propósito y convertir esto en algo bueno». Esta perspectiva transformó su vida. Vendió su empresa, abandonó sus anteriores proyectos y se enfocó en lo que amaba, empezó a producir programas de televisión y documentales inspiradores. Tanto en la televisión como en la vida, las personas enfrentan dificultades. Los que se ven como víctimas permanecen abatidos, mientras que los que se ven como héroes se levantan de nuevo, impulsados por el optimismo, el coraje y la fe, y trabajan hacia un futuro más brillante y mejor.

Las historias que nos contamos determinan la vida que vivimos. En «Un largo camino en mil años» (*A Million Miles in a Thousand Years*), el autor Donald Miller comparte la historia de un amigo cuya hija adolescente se rebeló, usaba drogas y salía con la persona equivocada. El padre decidió crear una nueva narrativa para su vida. Anunció un proyecto familiar para recaudar dinero y construir un orfanato en México. Al principio la familia pensó que se había vuelto loco, pero luego todos apoyaron la idea. La hija se entusiasmó con el proyecto, ir a México y conocer a los niños. Unos pocos meses después, cuando Miller vio a su amigo nuevamente, supo que todo cambió para mejor. Su familia vivía una mejor historia. Su hija terminó la relación con su novio al darse cuenta de su valor como heroína en su historia.

En cada gran película, el personaje principal enfrenta adversidad y conflicto para lograr su objetivo. La vida funciona de manera similar. Ya sea que busques iniciar un negocio, construir un equipo ganador, criar hijos buenos, proporcionar agua potable segura en África, ayudar a los que no tienen casa, encontrar una cura para el cáncer, educar a los niños o crear un mundo pacífico, la adversidad y el conflicto serán parte de tu viaje. Cuando enfrentes desafíos, puedes elegir contarte a ti y al mundo una historia positiva y trabajar apasionadamente hacia un resultado positivo.

¿Desafío u oportunidad?

Ve los eventos de la vida como oportunidades en lugar de desafíos. Se realizó un estudio británico con 500 personas exitosas, con riqueza, relaciones, grandes carreras y felicidad, en el que se demostró que cada una había enfrentado alguna desgracia en su vida. A pesar de parecer llevar vidas perfectas, se encontraron con numerosas dificultades. Sin embargo, todos compartían la habilidad de transformar la desgracia en fortuna al encontrar oportunidades en medio de sus luchas[9]. Como líder, recuerda que los desafíos son inevitables. Tu papel es mantenerte resiliente, tener una actitud positiva y buscar oportunidades en la adversidad.

En un estudio de la Organización Gallup se les pidió a las personas que identificaran los mejores y peores eventos de sus vidas. Los resultados mostraron una correlación del 80 por ciento entre los dos eventos. A menudo, los peores eventos pueden llevar a los mejores resultados si nos mantenemos positivos, perseveramos y seguimos adelante.

¿Tiburón o pez dorado?

Como líder, tu perspectiva moldea cómo ves el mundo y cómo respondes a los eventos. En mi libro *El tiburón y el pez dorado*, analizo cómo el cambio es inevitable. Cuando ocurre el cambio, tenemos una opción: resistirlo o abrazarlo para lograr el éxito futuro. Según la investigación durante la gran recesión, los que prosperaron fueron los que abrazaron el cambio. A diferencia de los peces dorados que esperan ser alimentados, ellos buscaron nuevas oportunidades para encontrar más comida. La clave de su éxito fue su perspectiva sobre el cambio. Aquellos que lo resistieron se sintieron abrumados, mientras que los que lo vieron como una oportunidad, prosperaron. Recientemente hablé con líderes de una empresa que posee muchas estaciones de noticias locales. Tenían miedo y se resistían a los cambios y la forma en que las personas consumen y consumirán las noticias locales en el futuro. Ahora, estos líderes entienden que el cambio es inevitable. Al abrazarlo y encontrar nuevos modelos de negocio, pueden prosperar. Están listos para enfrentar las olas del cambio y explorar nuevas posibilidades.

Piensa como un novato

A lo largo de los años, hablé con muchas organizaciones y líderes afectados por lo que llamo la *maldición de la experiencia*. A menudo anhelan los buenos viejos tiempos, se quejan del presente y resisten el cambio. Sus experiencias pasadas, sean buenas o malas, influyen en sus acciones actuales y futuras. Observé esto frecuentemente en las empresas inmobiliarias durante la gran recesión cuando me llamaron para llenarlos de energía y elevar la moral. Antes de mis charlas, las empresas solían premiar a sus mejores productores, y noté que muchos de los ganadores eran novatos. Me di cuenta de que los veteranos experimentados, sacudidos por la economía, se habían vuelto pasivos en lugar de proactivos. El miedo los paralizaba y dejaban que las circunstancias los definieran. Se quejaban de la economía en lugar de moldearla. La maldición de la experiencia se había apoderado de ellos, y la solución era alentarlos a pensar como novatos nuevamente. Los novatos no están cargados por el rechazo, las suposiciones negativas o las experiencias pasadas. Aportan idealismo, optimismo y pasión a su trabajo. No se preocupan por lo que se considera imposible. En cambio, creen que todo es posible. Los novatos trabajan duro, se mantienen positivos, viven sin miedo y son lo suficientemente ingenuos para tener éxito. Les falta experiencia y conocimiento del pasado, enfocándose en crear sus buenos viejos tiempos ahora. No importa cuánta experiencia tengan tú y tus compañeros líderes, deja que sea una bendición, no una maldición. Usa tu experiencia para obtener habilidades y deja que una mentalidad de novato alimente tu optimismo y pasión. Enséñales a los novatos, ya que a pesar de su esfuerzo y energía, cometerán errores. Pero también pueden enseñarte a ver el mundo con ojos frescos. *Piensa como un novato*, olvida el pasado y crea tus buenos viejos tiempos ahora.

Derrota a Murphy

Probablemente has oído hablar de la Ley de Murphy: «Todo lo que pueda salir mal, saldrá mal y, por lo general, en el peor momento posible». Esto a menudo resulta ser cierto, y una serie de eventos negativos puede hacerte esperar que sucedan más cosas malas. En lugar de esperar lo mejor, comienzas a anticipar lo peor. El entrenador de fútbol americano

51

Gus Bradley, uno de los líderes más positivos que he conocido, compartió una estrategia para ayudar a su equipo a manejar eventos negativos (por ejemplo, una intercepción crucial, una penalización, una lesión, mal clima) y evitar una mentalidad de víctima. Gus presenta a su equipo a un personaje ficticio llamado Murphy, en honor a quien se nombra la ley. Murphy se presenta como un alborotador que intenta interrumpir sus prácticas, juegos y temporada. Gus le dice a su equipo que Murphy a menudo aparece en los peores momentos, pero en lugar de temerle, deben estar listos para enfrentarlo. Esperan que Murphy aparezca y cuando lo hace, están aún más decididos a derrotarlo. La vida está llena de desafíos, pero puedes superarlos. La vida es difícil, pero tú eres fuerte. La lucha es real, pero también lo es tu capacidad para conquistarla. Como dijo mi amigo Erwin McManus: «La grandeza nunca nace de circunstancias fáciles. Podemos hacernos más fuertes cuando el mundo se vuelve más difícil». Cuando la adversidad golpea, no huyas de ella. No la temas. Enfréntala, abórdala y sigue adelante. Murphy es duro, pero tú eres más duro.

De adentro hacia afuera

Una gran parte del liderazgo eficaz y de ayudar a tu equipo a avanzar a pesar de los desafíos y los cambios, es entender que no creamos el éxito de afuera hacia adentro. Lo creamos de adentro hacia afuera. Esto quiere decir que las circunstancias y los eventos externos no te definen; en cambio, tú defines tus circunstancias. El poder no reside en la situación, sino en tu mentalidad, pasión y perspectiva. Considera el tráfico como un ejemplo. Un día te frustra, mientras que otro día estás de buen humor, escuchas una gran canción o un podcast, y no te molesta. ¿Es la circunstancia (el tráfico) o tu estado de ánimo lo que dicta tus sentimientos? Si fuera la circunstancia, tu respuesta sería siempre la misma. Recuerda, nunca se trata de la circunstancia. Nunca se trata de los desafíos, los cambios, la economía, las elecciones, las adversidades o los contratiempos que estes enfrentando. Es tu estado de ánimo y lo que piensas lo que influye en cómo te sientes y respondes. Cuando te das cuenta de que el mundo no tiene poder sobre ti te permite liderar de manera más efectiva.

Cambia la realidad

Como líder, tendrás más poder cuando te des cuenta de que puedes modificar la realidad. Muchas veces creemos que la realidad es algo objetivo, pero cuando te das cuenta de cómo los líderes positivos cambiaron el mundo a lo largo de la historia, entiendes que un líder tiene el poder de moldear la realidad y cambiarla para bien. Por ejemplo, antes de que existieran el iPhone, iPad, iCloud y Apple Watch, Steve Jobs ya tenía una visión, ideas positivas y capacidad para transformar la percepción de la realidad. En la biografía *Steve Jobs* de Walter Isaacson, se menciona cómo Jobs convencía una y otra vez a los empleados de Apple para cumplir con plazos aparentemente imposibles. A pesar de las dudas iniciales y las afirmaciones de expectativas poco realistas, el optimismo de Jobs transformó su pesimismo en metas alcanzables. Esta creencia contagiosa ayudó a Apple a convertirse en una de las compañías líderes del mundo. Imagina lo que tu equipo podría lograr si compartieras tu optimismo y creencias con ellos y si modificas su realidad.

Liderar consiste en compartir tus creencias

Podrías pensar que la realidad proviene de tus circunstancias, pero en realidad surge de tus pensamientos y creencias. Como ya mencionamos, tu visión del mundo moldea tus experiencias. Liderar consiste en compartir tus creencias. Lo que crees es posible, las creencias que compartes con tu equipo influyen significativamente en lo que logras. Pete Carroll, director técnico de los Seattle Seahawks, es un ejemplo del liderazgo positivo. Carroll dijo: «El mundo entrena a las personas para ser pesimistas. Una de las cosas más importantes que debo hacer aquí es asegurarme de que mis jugadores y el personal crean que mañana será mejor que hoy». Esencialmente, Carroll enfatiza compartir su optimismo con su equipo, recordándoles su poder interior para cambiar su mundo exterior.

Una actitud similar prevaleció en Silicon Valley durante la gran recesión. Mientras el país enfrentaba una recesión económica, los líderes y trabajadores de Silicon Valley se mantuvieron optimistas, enfocándose en la innovación. En medio de cierres de negocios y pérdidas de empleo a nivel nacional, Mark Zuckerberg expandió Facebook, Jack Dorsey hizo crecer Twitter, Elon Musk lanzó autos eléctricos y cohetes con Tesla y SpaceX, y Larry Page y Sergey Brin transformaron Google. Los innovadores y las empresas emergentes en Silicon Valley revolucionaron la comunicación, la conexión, el aprendizaje y el trabajo.

Silicon Valley prospera gracias a una creencia colectiva de posibilidades ilimitadas. Las grandes ideas reciben financiamiento y el trabajo arduo mantiene vivo el sueño norteamericano. Si lo puedes creer y realizar, puedes cambiar el mundo. Los innovadores de Silicon Valley convierten ideas en realidad. Ven posibilidades donde otros ven obstáculos. Mientras otros los consideran locos, ellos visualizan el futuro. El fracaso es parte del proceso de crecimiento, resulta en mejores ideas y negocios. Silicon Valley encarna la creatividad, el impulso y el coraje que los líderes positivos usan para innovar y cambiar el mundo. Sin embargo, no necesitas vivir en Silicon Valley para adoptar esta mentalidad. Empresas como Amazon y Starbucks en Seattle, Zappos en Las Vegas, GM, Ford y las grandes empresas de autos en Detroit han adoptado este espíritu. Las empresas emergentes en todo el mundo también sueñan con cambiar el mundo. Cada líder y negocio, independientemente de su ubicación, puede crear una burbuja de optimismo y compartir sus creencias con su equipo y comunidad. Siempre hay una nueva idea o una mejor manera de hacer algo, solo se necesita que alguien la implemente. ¡Podrías ser tú!

Lidera con fe en lugar de miedo

Ser un líder positivo significa liderar con fe en un mundo lleno de cinismo, negatividad y miedo. La batalla diaria entre la fe y el miedo afecta a todos. Como líder, debes entender que tu gente está enfrentando esta batalla todos los días. Sienten mucho miedo, dudas e incertidumbre. Es tu responsabilidad inspirarlos con fe. Liderar con optimismo, positividad y creencia es en esencia liderar con fe en lugar de miedo. Al

Los líderes positivos con optimismo, positividad y creencias

comienzo de este libro, expliqué cómo los líderes positivos cambian el mundo. Creen en el futuro y poseen la resiliencia, la positividad y el optimismo para crearlo. Los líderes positivos no logran esto solos; lo hacen con un equipo al que inspiran y lideran con fe.

Cuando Alan Mulally se convirtió en CEO de Ford, la economía pronto enfrentó una recesión severa. A pesar de los desafíos, Mulally y su equipo habían reestructurado la empresa y creado autos de primera clase. Durante la recesión, el gobierno apoyó económicamente a los competidores de Ford y las reglas del juego parecían cambiar. Mulally le dijo a su equipo: «Tienen que esperar lo inesperado y enfrentarlo. Quejarse no es un plan. Lamentarse no es un plan. Nosotros tenemos un plan, y si necesitamos ajustarlo, lo haremos». A pesar del temor de todos, Mulally se mantuvo confiado en su plan y en su equipo. Su optimismo y fe eventualmente llevaron a un crecimiento y ganancias significativas para Ford. Sin su liderazgo, este éxito no habría sido posible.

Cree sin límites

Recientemente le preguntaron a Dabo Swinney si se consideraba una persona de logros extraordinarios debido a su éxito en Clemson. Él respondió: «No soy una persona de logros extraordinarios. Soy una persona de creencias sin límites». Cuando Dabo se convirtió en el entrenador principal de Clemson, colocó un cartel en la sala de reuniones del equipo que decía «Cree» porque pocas personas, del programa y ajenas a él, creían que podrían sobresalir. Clemson tenía la reputación de perder juegos que deberían ganar, un fenómeno conocido como «Clemsoning». Dabo, que nunca había sido director técnico ni coordinador, enfrentó numerosos desafíos. Su padre se fue cuando él era joven, experimentó la falta de hogar, e incluso dejó de entrenar durante unos años para dedicarse a los bienes raíces. A pesar de estos obstáculos, creyó en sí mismo lo suficiente como para unirse al equipo de Alabama y llegó a creer que todo era posible. Su objetivo principal como entrenador era inspirar a su equipo a creer, y lo logró. La creencia y fe genuinas de Dabo son contagiosas. Él cree en sus jugadores más de lo que ellos creen en sí mismos, elevando su autoconfianza. Independientemente de las circunstancias, desafíos o contratiempos, nunca deja de creer y compartir su creencia con su equipo. El 9 de enero de 2017, durante el medio tiempo del juego del Campeonato Nacional, Clemson estaba perdiendo 14 a 7. Dabo le dijo a su equipo: «De alguna manera, vamos a ganar este juego, chicos. No sé cómo, pero vamos a ganar». A pesar de su miedo, Dabo les infundió fe, una práctica que mantenía desde 2008. Con cada contratiempo y pérdida, decía: «Dios no dice ¡uy! Dios no comete errores. Hay un plan más grande. Confía en él». Dabo se inspira en Gálatas 6:9: «No nos cansemos de hacer el bien, porque a su debido tiempo cosecharemos si no nos damos por vencidos». Lideró con fe, y su equipo actuó sin miedo, cosechó finalmente su recompensa en el momento adecuado.

No dejes de creer

Los grandes equipos son colectivamente positivos. Comparten una creencia y optimismo que comienza contigo. Cuando tú crees, inspiras a los demás. Tu fe puede elevar al equipo. A pesar de enfrentar adversidades, resistencia y negatividad, tu certeza, optimismo, creencia y fe deben superar toda negatividad, miedo y duda. Comparte tu optimismo, creencia y fe con tu equipo. Guíalos hacia adelante. Explica tus objetivos y razones. Habla sobre los desafíos y cómo superarlos. Comparte tu creencia con ellos. Fomenta la positividad. Apóyalos, especialmente cuando duden de sí mismos. Inspíralos a superar sus expectativas. Diles que el miedo y la fe tienen una cosa en común, ambos creen en un futuro que aún no ha sucedido. El miedo ve un futuro negativo, mientras que la fe ve uno positivo. Ya que ninguno ocurrió aún, elige creer en un futuro positivo. Cree que tus mejores días están por venir. Lo que creemos importa, por eso tengamos fe, trabajemos duro y hagámoslo una realidad.

Después de que Clemson ganó el Campeonato Nacional, Dabo le dijo al equipo: «Ahora son campeones nacionales, pero quiero que también sean campeones en la vida. Sean grandes esposos y padres. Esto no será lo mejor que les suceda en la vida. Dios tiene planes aún más grandiosos para ustedes. Lo mejor está por venir». Incluso en su máximo éxito, Dabo enfatizó su futuro como individuos. Ya sea que ganes o pierdas, no dejes de creer. Eso es el liderazgo.

Tu viaje de liderazgo

No sé si estás en tu viaje de liderazgo. Solo sé que no siempre fui positivo y que con el paso del tiempo cada vez lo soy más. Quizás ya eres muy optimista y positivo. O quizás has sido una persona pesimista o alguien que dice: «Solo estoy siendo realista». Espero que entiendas que el liderazgo no es solo lo que haces, se trata de inspirar, animar y empoderar a los demás. Ya seas naturalmente optimista o más realista o pesimista, es importante entender que el liderazgo va más allá de tus acciones. Implica fomentar un ambiente positivo y motivar a tu equipo. Tu viaje de liderazgo requerirá optimismo, creencia y positividad para ayudar a tu equipo a alcanzar su potencial. Construir relaciones sólidas también es crucial, un tema que exploraremos más a fondo en este libro. Si empiezas el proceso con la creación de una cultura positiva, compartes tu visión y lideras con optimismo, tú y tu equipo estarán en el camino hacia un futuro exitoso y optimista.

Los líderes positivos con optimismo, positividad y creencias

Los líderes positivos enfrentan, transforman y eliminan la negatividad

Ser positivo no garantiza el éxito, pero ser negativo garantiza el fracaso.

El liderazgo positivo implica no solo fomentar la positividad, sino también eliminar la negatividad. Como líder, debes reconocer la presencia de la negatividad y abordarla. Ignorar la negatividad dentro de tu equipo u organización permite que crezca y, en última instancia, sabotee tus esfuerzos. Necesitas enfrentar, transformar o eliminar la negatividad.

En 2007, poco después de que se publicara *El autobús de la energía*, recibí una llamada de Jack Del Rio, entonces director técnico de los Jacksonville Jaguars. Un amigo le había dado el libro y, después de leerlo, pidió reunirse conmigo. En ese momento, el libro aún no estaba disponible en las librerías de EE. UU., aunque era popular en Corea del Sur. Nunca había tenido la oportunidad de trabajar con un equipo deportivo ni de conversar con un líder de su nivel. Durante nuestra reunión, Del Rio compartió que luchaba con vampiros de energía y que el libro lo ayudó a darse cuenta de la necesidad de abordar la negatividad. También le recordó mantenerse positivo a pesar de los desafíos. Me invitó a hablar con su equipo y acepté con la condición de que proporcionara una copia del libro a cada jugador. Él aceptó, y esta experiencia demostró que incluso los mejores atletas y líderes se enfrentan a la negatividad que deben superar. Cuando recuerdo esto, creo que *El autobús de la energía* resuena con muchos líderes y equipos porque aborda el problema universal de la negatividad. Es una lección que aprendí en mi propia vida antes de escribir el libro.

Tu actitud positiva debe superar a la negativa

Cuando le dije a mi papá que quería ser escritor y orador, no me respondió de la mejor manera, me dijo: «¿Por qué querrías hacer eso? No va a servir para nada. Es una tontería. Mejor enfócate en tus restaurantes». Dijo algunas palabras que no puedo publicar. En ese momento aún tenía algunos restaurantes y él creía que solo debía enfocarme en eso. Escribir y dar conferencias era solo una fantasía. Unos años después del consejo «alentador» de mi padre, estuve en el programa *Today Show* en un episodio llamado *Llénate de energía*. Fue mi primera aparición en la televisión nacional y estaba muy nervioso. Durante el programa, entrené a muchas personas sobre cómo tener más energía y ser más optimistas en la vida y en el trabajo. Después del programa, mi papá me llamó y expresó su orgullo. Me dijo: «Con tu madre te vimos en la televisión. Realmente haces la diferencia. Estamos muy orgullosos de ti. Siempre creímos en ti». Sé que mi padre no recordaba ser negativo en el pasado y en ese momento me di cuenta de que todos enfrentamos negatividad y personas negativas en nuestro camino. No todos compartirán tu visión o apoyarán tus sueños. Para tener éxito, tu energía positiva debe superar toda la negatividad.

Gandhi dijo: «No dejaré que nadie pase por mi mente con los pies sucios», y tú deberías adoptar la misma mentalidad. Puede que enfrentes la negatividad de tu equipo, clientes, pacientes, vecinos o padres. La clave es no dejar que eso te derrumbe. Sé más positivo que la negatividad que encuentres. La negatividad puede parecer intimidante, pero no es rival para tu valentía y positividad. He visto a muchos líderes positivos enfrentar, transformar y eliminar la negatividad, logrando resultados increíbles.

No se permiten vampiros de energía

En 2011, Mark Richt, entonces entrenador de fútbol americano en la Universidad de Georgia hizo que su equipo leyera *El autobús de la energía* y me invitó a hablar con ellos. A pesar de perder sus dos primeros partidos de esa temporada, Richt se mantuvo optimista. Los medios especulaban que el trabajo de Richt estaba en riesgo debido a desempeños anteriores. Después de la segunda derrota, le envié un mensaje de texto para manifestarle mi confianza en el equipo y en su capacidad de recuperación, le dije: «Perdón por no ayudar más. Creo en este equipo. Creo que van a cambiar las cosas». Richt me respondió: «Jon, los chicos siguen en el autobús. En el pasado, hemos dejado que los vampiros de energía arruinen este equipo, pero no este año». En la sala de reuniones del equipo, Richt hizo que un artista dibujara una gran imagen de un vampiro de energía en la pared frente a los jugadores. Si alguien actuaba como un vampiro de energía, su foto de la guía de prensa se colocaba en la pared. Nadie quería estar en la pared. Esta era la manera de Richt de asegurar que el equipo se mantuviera positivo a través de la adversidad. La estrategia funcionó, y el equipo ganó los siguientes 10 partidos, llegando al Campeonato de la SEC.

¿Por qué esperar?

Compartí esta historia con el equipo de fútbol americano de la Universidad de Tennessee unos años después de trabajar con UGA. Después de que terminé de hablar, el entrenador Butch Jones terminó la reunión pero pidió a 10 jugadores que se quedaran. Cuando le pregunté sobre estos jugadores, Butch se refirió a ellos como «vampiros de energía». Le pregunté si iba a abordar el problema de inmediato. Él respondió: «Sí. ¿Por qué esperar?». Después de la reunión, Butch se unió a mí en el pasillo y con el director atlético. Le pregunté cómo le había ido. Me respondió: «Fue poderoso. La mayoría admitieron su comportamiento negativo y se comprometieron a ser influencias positivas en el equipo. Prometieron ser agentes de cambio para la temporada. Sin embargo, algunos jugadores no entendieron y se negaron a cambiar, por lo que tendremos que bajarlos del autobús». Esa temporada, Tennessee superó una adversidad significativa y llegó a su primer juego de campeonato en años. Se convirtieron en un gran ejemplo de cómo una cultura de equipo positiva conduce al éxito. Nunca olvidaré las palabras de Butch: «¿Por qué esperar?». Para construir un equipo ganador, debes crear una cultura positiva donde la negatividad no pueda prosperar. Cuanto antes comiences a abordar y transformar la negatividad, más fuerte y positivamente contagiosa será la cultura de tu equipo.

Cambiar es el primer paso

Para tratar con un vampiro de energía, el primer paso es cambiarlo, no sacarlo del equipo. Nadie quiere ser un vampiro de energía; su negatividad a menudo tiene una causa. Siempre debes empezar a escuchar con empatía y comprensión, y apunta a cambiar su perspectiva. Por ejemplo, Martin, un líder en Seventh Generation, colocó un cartel en su puerta que decía: «Bienvenidos vampiros de energía. Prepárense para una transformación». Este enfoque llevó a muchas conversaciones productivas y convirtió la energía negativa en resultados positivos.

De manera similar, Richt tuvo jugadores que declararon que ya no serían vampiros de energía. Muchos de estos jugadores ahora destacan en la NFL o como empresarios exitosos. Esta transformación fue una experiencia crucial para ellos. En lugar de despedirlos, Mark enfrentó su negatividad, los invitó al autobús y facilitó su transformación, y resultó ser efectivo.

Comienza a nivel cultural

La mejor manera de abordar a los vampiros de energía en tu organización es establecer la expectativa a nivel cultural de que la negatividad no será tolerada. Habla sobre el impacto dañino de la negatividad y enfatiza que, aunque una persona sola no puede hacer un equipo, una sola persona sí puede romper un equipo. Describe cómo se ve una cultura positiva y anima a todos a contribuir de manera positiva. Por ejemplo, Richt comunicó esto cuando colocó las imágenes de vampiros de energía, señaló que no se permitiría que la negatividad sabotee al equipo y sus objetivos. De manera similar, cuando Shawn Eichhorst se convirtió en el nuevo director atlético en Nebraska, colocó un cartel que decía: «No se permiten vampiros de energía» sobre la puerta de su oficina para construir una cultura positiva y evitar que la negatividad arruine sus programas. A pesar de la negatividad inicial, cultivó de manera continua una cultura positiva que transformó muchos corazones y mentes. Trabajé con Eichhorst y el Departamento de Atletismo de Nebraska durante cinco años y he sido testigo del éxito de su enfoque. Muchos directores de escuela y líderes empresariales también han abordado la negatividad a nivel cultural. Aunque no usaron la estrategia de Richt de mostrar imágenes, dejaron en claro en reuniones de personal, análisis de libros y visualización de videos que la negatividad es inaceptable, ya que drena a los demás y sabotea el rendimiento del equipo. Si fomentas una actitud positiva y creas una cultura donde los vampiros de energía se sienten incómodos siendo negativos, decidirán cambiar o marcharse, entonces tu cultura mejorará y tu equipo avanzará en la dirección correcta.

Elimina la negatividad

¿Qué pasa si los vampiros de energía no se van? ¿Qué pasa si permanecen en el autobús? Esto suele suceder. No todos están dispuestos a cambiar. A pesar de tus esfuerzos por ayudar a alguien a crecer, algunos seguirán siendo negativos.

Una directora de escuela compartió su experiencia. Invitó a su personal a unirse al autobús de la energía, describió su visión y pidió compromiso. Todos, excepto dos maestros, estuvieron de acuerdo. Intentó animar a estos dos maestros a ser positivos. Documentó sus esfuerzos por razones legales y de personal. Eventualmente, tuvo que dejarlos ir. Me dijo que ahora están en otro autobús, y su personal se siente más positivo y lleno de energía. Los dos maestros negativos estaban dañando su cultura y misión de impactar las vidas de los niños. Desde su despido, la cultura, la moral y la energía han mejorado significativamente. Si transformar la negatividad no funciona, debes eliminarla. Como líder, tu trabajo es crear un ambiente donde tu equipo pueda rendir al máximo sin ser obstaculizado por un vampiro de energía. Debes nutrir continuamente y eliminar la negatividad.

Tarde o temprano

Una pregunta común que suelen hacer es: ¿cuándo es el momento adecuado para eliminar a un vampiro de energía? ¿Hay un punto en el que sea demasiado pronto o demasiado tarde? Desafortunadamente, no hay una respuesta definitiva, ya que cada situación es única. Cuando pienso en mi experiencia como propietario de un restaurante, me doy cuenta de que mantuve a algunos vampiros de energía en mi equipo más tiempo del necesario. Por ejemplo, tenía un gerente en una tienda con un rendimiento deficiente. Las ventas disminuían y, como era la ubicación más lejana de mi casa, pasaba poco tiempo allí. Al final, decidí vender la ubicación a un amigo y exgerente que quería iniciar su propio negocio. Cuando hablé con el gerente negativo sobre la venta y le aseguré otra oportunidad de trabajo con un franquiciado diferente, dejó en claro su desinterés por el trabajo, me dijo: «Sabes qué Jon, creo que voy a usar esta oportunidad para no estar más en un restaurante porque odio este maldito trabajo. Sonrío a los clientes como me pides, pero odio a cada uno de ellos». Este incidente destacó mi error al contratar a un líder negativo para esa ubicación. Mirando hacia atrás, debería haberlo dejado ir antes. Sin embargo, también hubo ocasiones en las que decidí mantener a personas que, con el tiempo, experimentaron una transformación positiva. No hay una respuesta perfecta a este dilema. Es esencial evaluar y reflexionar continuamente sobre tus decisiones mientras lideras a tu equipo y organización, y enfrentas a los vampiros de energía.

Además, eliminar a alguien de tu equipo no significa que debas apartarlo de tu vida. Por ejemplo, los entrenadores universitarios quizás retiren a un jugador del equipo, pero aún pueden invertir en el crecimiento y la transformación de ese jugador. Dejar ir a las personas puede ser necesario para el bienestar del equipo, pero encontrar maneras de apoyar su desarrollo sigue siendo importante.

Lidera desde tu lugar

Muchos de los correos electrónicos que recibo son de líderes emergentes que, al no tener el poder de contratar o despedir, buscan consejo sobre cómo lidiar con colegas negativos. Mi respuesta es consistente con el consejo al comienzo de este capítulo: tu actitud positiva debe superar a la negativa. Conviértete en una fuerza positiva que le demuestra a los demás lo que significa la energía positiva a través del amor, la paciencia, la amabilidad y el cuidado. Lidera con el ejemplo, sin importar tu posición. Ve cada interacción negativa como una oportunidad para reforzar tu positividad. Este enfoque ha mejorado mi liderazgo, incluso en mis interacciones con adolescentes. El liderazgo es un viaje y el primer paso para ser un mejor líder es convertirte en tu mejor versión. Aprender a mantenerte positivo en medio de la negatividad es un excelente entrenamiento. A medida que desarrollas tu positividad y tu capacidad para manejar influencias negativas, crecerás tanto como persona y como líder. Puede que no seas el conductor del autobús y no decidas quién se puede subir, pero puedes hacer que tu entorno sea positivo e inspirar a otros en tu organización.

Implementa la regla de no quejarse

Descubrí la Regla de no quejarse mientras hablaba con Dwight Cooper, un exjugador y entrenador de baloncesto que cofundó una empresa líder en la contratación de enfermeras, PPR. La empresa de Cooper había sido reconocida como una de las «empresas de más rápido crecimiento» por la revista Inc. y como una de las mejores empresas para trabajar. Él mencionó que la negatividad sutil, como las quejas, puede ser tan perjudicial para un negocio como las personas abiertamente negativas, a quienes denominó «vampiros de energía».

Cooper comparó a los vampiros de energía con un tipo de cáncer de piel superficial, ninguno se esconde. Están frente a ti y te dicen: «Aquí estoy». Como resultado, puedes eliminarlos fácil y rápidamente. En contraste, comparó quejarse con un cáncer oculto que crece desapercibido y que eventualmente puede destruir una organización. Para combatir esto, Cooper introdujo la regla de no quejarse: *no puedes quejarte a menos que también ofrezcas una o dos posibles soluciones.* Cooper dijo: «Compartimos esta regla con todos los empleados y durante las entrevistas con las personas que quieren unirse al equipo. Les dejamos en claro que si son personas que suelen quejarse, este no es el lugar indicado para ellos. Pero si se enfocan en resolver problemas, entonces sí, nos encantaría tenerlos en el equipo y siempre los escucharemos».

Encontré la idea de Cooper brillante y escribí un libro, *La regla de no quejarse*, para compartirla. La regla tiene como objetivo detener las quejas crónicas sin sentido y convertir las quejas justificadas en soluciones positivas. Las quejas pueden resaltar áreas de mejora, impulsar la innovación y ayudar a centrarse en lo que queremos en lugar de lo que no queremos.

¿Funciona? Absolutamente. La empresa de Cooper sobresale en un mercado competitivo, gracias a esta regla. El liderazgo positivo es crucial para su éxito. Los líderes deben centrarse en resolver problemas en lugar de quejarse. Al hacerlo, guían a sus equipos hacia soluciones, mejoran el rendimiento y fomentan una cultura positiva.

El liderazgo positivo de Michael Phelps

Michael Phelps compartió su enfoque para fomentar un ambiente de equipo positivo antes de las Olimpiadas de 2016, en Río, durante una entrevista con Bob Costas.

«De vez en cuando, escuchas un montón de comentarios negativos o que alguien se queja. Durante el campamento de entrenamiento, en una de las reuniones, les dije a los chicos: "nos estamos preparando para ir a los Juegos Olímpicos. Esto es lo que tenemos que hacer. Y si tienen un comentario negativo, no lo digan. Guárdenselo. Cuanto más positivos seamos como equipo, mejor nos irá". En cuanto dije eso, nos volvimos más unidos y comenzamos a avanzar».

Las palabras de Phelps resumen la esencia del liderazgo positivo. Un equipo talentoso puede ser bueno, pero para ser grandioso, deben unirse. La positividad fortalece la conexión y el rendimiento del equipo, ya sea en deportes, oficinas, escuelas, iglesias u hospitales. Contrario a la creencia popular, no tienes que elegir entre la positividad y ganar; la positividad lleva a la victoria. Por lo tanto, es crucial fomentar la positividad y eliminar la negatividad. Los equipos positivos, incluso con talento promedio, pueden lograr resultados excelentes. Por el contrario, los equipos negativos con gran talento a menudo rinden por debajo de su potencial. Los equipos positivos colaboran más eficazmente, permanecen conectados y se mantienen comprometidos a través de los desafíos. Maximizan los talentos de cada uno y logran más juntos. Los equipos de alto rendimiento se construyen por líderes y miembros positivos que eliminan la negatividad y fomentan la positividad. Cuando combinas talento con pensamientos positivos, las posibilidades son infinitas. No necesitas ser un campeón olímpico para iniciar este proceso. Cualquiera puede decir: «Basta de negatividad. Vamos a ser positivos. Avancemos».

No seas negativo sobre la negatividad

Sería irresponsable de mi parte si no comparto una última idea sobre cómo eliminar la negatividad de tu equipo y organización. Algunos líderes no comprenden *El autobús de la energía* y confrontan a sus empleados: «O estás en mi autobús o te vas», y piensan que el que no esté de acuerdo es un vampiro de energía. En lugar de invitar a la gente al autobús, los pasan por encima. A menudo recibo correos electrónicos que dicen: «Hola Jon, nuestros jefes nos dieron *El autobús de la energía* para leer, pero ellos son los vampiros de energía. Quiero ser positivo, pero ¿qué debo hacer?». Estos correos me entristecen porque mi intención nunca fue que los líderes fueran negativos con la negatividad. Confronta la negatividad, pero hazlo de manera positiva. Más importante aún, modela un comportamiento positivo.

Como analizaremos en los próximos dos capítulos, el liderazgo positivo implica desarrollar relaciones y ser el tipo de líder que la gente quiere seguir. No puedes ser un vampiro de energía y un gran líder al mismo tiempo. No puedes ser negativo y construir un equipo positivo y de alto rendimiento. Incluso cuando trates con la negatividad, debes permanecer positivo para elevar a los demás. Como líder, para sacar lo mejor de los demás, debes ser un líder positivo.

Al alimentar lo positivo y eliminar lo negativo, creas un ambiente donde puedes sobresalir como líder. Puedes construir equipos unificados, conectados y relaciones fuertes, como lo hacen los verdaderos grandes líderes.

Capítulo 7

Los líderes positivos generan equipos unidos y conectados

La capacidad de un líder para unir y conectar a las personas es esencial para crear grandes equipos y organizaciones.

Los líderes positivos unen a las personas en lugar de dividirlas. Se aseguran de que todos estén alineados y avanzando en la misma dirección, fomentando la *unidad*. Esta unidad diferencia a un gran equipo de uno promedio o disfuncional. Cuanto más unido y conectado esté un equipo u organización, más podrán lograr juntos. Aunque tener una visión y una guía es importante para la dirección, es la capacidad del líder para unir y conectar a las personas lo que realmente construye grandes equipos y organizaciones. Por ejemplo, cuando Alan Mulally se convirtió en el CEO de Ford, notó que la empresa estaba fragmentada, con diferentes regiones que actuaban de manera independiente. Para abordar esto, introdujo el plan *One Ford* (un equipo), con el objetivo de unir a todos bajo un solo objetivo. La estrategia de Mulally incluía un plan integral y un sistema de gestión para asegurar que todos trabajaran juntos como un solo equipo. Tenía reuniones semanales todos los jueves a las 07:00 a. m., donde los líderes de todas las divisiones revisaban el plan de negocios (conocido como Revisión del Plan de Negocios, o BPR) y colaboraban para lograrlo. Al fomentar la confianza, promover la transparencia y la honestidad, simplificar el modelo de negocio y establecer la misión y el propósito, Mulally transformó a Ford en un equipo unido. Su liderazgo es considerado uno de los más inspiradores de la historia, demostró que un líder positivo que une y conecta a un equipo puede lograr lo que muchos creen imposible.

La conexión marca la diferencia

A lo largo de los años, aprendí que la conexión es clave para construir una gran organización. Así como Alan Mulally creó One Ford y conectó a todos en la compañía, un líder debe crear un equipo conectado. Esta conexión comienza desde arriba. Si el equipo de liderazgo no está unido, la organización tendrá dificultades. He visto muchos equipos deportivos y empresas donde el liderazgo desconectado lleva al fracaso. El éxito de un equipo o negocio a menudo depende de lo unificados y conectados que estén sus líderes. Por ejemplo, tuve la oportunidad de hablar en una reunión después de la fusión de dos empresas, en donde los líderes de ambas se convertirían en un solo grupo de gestión. Nos enfocamos en conectarnos e hicimos algunos ejercicios para romper barreras. Al final de la reunión, todos se sentían más fuertes y unidos. De manera similar, una vez asistí a una reunión matutina en el Mercy Hospital en St. Louis, donde el equipo de liderazgo estaba increíblemente conectado. Su alto nivel de rendimiento no fue una sorpresa.

Como líder, es crucial conectarse con todos en tu organización. La falta de conexión lleva a un pobre compromiso, trabajo en equipo y rendimiento. Incluso si eres la persona más inteligente en la sala, fracasarás como líder si no te conectas con los demás. Al tomarte el tiempo para conectarte con tu equipo y fomentar la unidad, puedes mejorar significativamente el rendimiento. También es esencial mejorar la conexión entre los miembros del equipo. Como líder positivo, debes fomentar relaciones y unidad. Muchos entrenadores universitarios y profesionales se quejan de que sus equipos no están conectados. Los jugadores a menudo se enfocan en sí mismos, sus metas y sus seguidores en redes sociales. Este enfoque en uno mismo crea una desconexión entre las metas personales y las del equipo. Esto también es muy común en las escuelas donde los maestros dicen que solo les importa su salón de clases y no les importa lo que sucede en el resto de la escuela. Esta mentalidad del «yo» afecta a todos, no solo a los atletas universitarios. El narcisismo y el enfoque en uno mismo crean una desconexión entre los objetivos personales y los del equipo, lo que perjudica al equipo. A través de mi trabajo con equipos, descubrí que enfocarse en convertirse en un equipo conectado modifica el «yo» a «nosotros». Las personas egocéntricas se desmoronan, los lazos se fortalecen y el equipo se vuelve más conectado y comprometido. Como líder, debes prevenir el aislamiento y que la mentalidad del «yo» infecte tu organización. Crear unidad y totalidad debe ser una prioridad, lograda a través de la intencionalidad y la acción.

Hace unos años, visité un equipo de la NBA y vi su juego. Al día siguiente, me reuní con el cuerpo técnico y compartí mi observación de una desconexión entre algunos jugadores. Se sorprendieron de que lo notara, pero la experiencia me ha enseñado a reconocer equipos conectados y desconectados. Cuando veo una falta de conexión, trabajo para nutrirla. Un ejercicio efectivo es hacer que los miembros del equipo compartan un momento definitorio en su vida, lo que ayuda a desarrollar conexiones más fuertes. Otro es hacer que cada persona comparta su héroe, dificultad y momento destacado.

El equipo unido supera al talento cuando el talento no es un equipo

Estar unidos es crucial porque la conexión fomenta el compromiso. Sin conexión, no puede haber compromiso. Este principio es evidente en los equipos deportivos. Antes de la temporada de baloncesto universitario 2013 – 2014, Billy Donovan, entonces entrenador de baloncesto de la Universidad de Florida (ahora director técnico principal del Oklahoma City Thunder), me llamó para analizar los desafíos de su equipo. Se centró en el concepto de conexión, dándose cuenta de que su falta de conexión obstaculizaba su avance hacia la *Final Four*. Durante toda la temporada, Billy hizo esfuerzos significativos para conectarse con sus jugadores y construir relaciones entre ellos. Su dedicación transformó al equipo de Florida de un grupo de individuos a una familia unida. Esta unidad los ayudó a avanzar a la *Final Four* y derrotar a un talentoso equipo de Kentucky tres veces esa temporada. A pesar de no tener jugadores seleccionados para la NBA, Florida superó a equipos más talentosos gracias a sus fuertes conexiones. Este ejemplo muestra que un equipo unido puede superar a un equipo más talentoso pero menos unido. Cuando los líderes y equipos se conectan, el compromiso, el trabajo en equipo, la química y el rendimiento mejoran significativamente. Desde entonces, he trabajado con muchos entrenadores para construir equipos unidos y he visto el poder de la unidad de primera mano. Erik Spoelstra, entrenador del Miami Heat, cambió su enfoque de estudiar videos a construir conexiones en el equipo. Sus acciones deliberadas, como organizar una fiesta obligatoria para ver el *Super Bowl* y fomentar conversaciones significativas entre los miembros del equipo, crearon un fuerte sentido de unidad entre sus jugadores. Incluso entrenadores exitosos como Tara VanDerveer, entrenadora de baloncesto femenino en Stanford, buscan continuamente formas de mejorar la unión del equipo. Nuestras conversaciones han resaltado la importancia de fomentar conexiones. Admiro sus enfoques innovadores para unir a su equipo.

El asiento seguro de Dabo Swinney

La visión y creencia de Dabo Swinney fueron cruciales para llevar a Clemson a juegos consecutivos de Campeonato Nacional y ganar un título. Durante una conversación en agosto, Dabo compartió una historia sobre una silla que su amigo trajo de un remoto pueblo de pescadores. En estos pueblos, los hombres se sientan en círculos en taburetes, hablan sobre la vida, la familia y la pesca. Esto inspiró a Dabo a crear el *asiento seguro*. Colocó este taburete en la sala de reuniones del equipo. Después de cada práctica, un compañero diferente se sentaría en el asiento seguro mientras el equipo se reunía alrededor. Dabo le preguntaba al compañero sobre su vida, héroes, momentos decisivos y desafíos. Una vez que Dabo terminaba, el resto del equipo también podía hacer preguntas. El taburete fue nombrado el asiento seguro porque era un lugar donde los jugadores podían compartir sus historias y sentimientos sin miedo. Lo que se compartía en el taburete se quedaba en la sala. A medida que cada jugador tenía su turno en el asiento seguro, comenzaban a entenderse mejor entre ellos. Esta vulnerabilidad y autenticidad rompían las barreras del ego, el orgullo y el egoísmo, fomentaban relaciones significativas, confianza y fuertes lazos. Estas conexiones y compromisos fueron clave para realizar la visión y creencia del equipo.

Colabora y organiza

El antiguo estilo de liderazgo autoritario ya no funciona. Simplemente decirle a la gente que haga algo «porque yo lo digo» no logra involucrarlos ni unirlos. Los líderes modernos tienen éxito cuando colaboran y organizan. Alan Mulally ejemplificó esto al trabajar con su equipo para crear la visión «One Ford». Durante las reuniones de liderazgo, guiaba las discusiones, abordaba los desafíos y empoderaba a otros para encontrar soluciones de manera colaborativa. Los líderes efectivos como Mulally no afirman tener todas las respuestas; trabajan con otros para descubrir e implementar soluciones. El liderazgo positivo prospera en el trabajo en equipo, fomenta la unión, el sentido de pertenencia y el compromiso.

Organizar y colaborar como líder puede ser un reto. Puede que tengas una visión clara y te sientas frustrado si los demás no la comparten de inmediato. Esto podría tentarte a avanzar con o sin tu equipo, con la esperanza de que te sigan. Sin embargo, el verdadero liderazgo significa correr y caminar JUNTO a tu equipo, no delante de ellos.

Durante una visita a Penn State, hablé con la directora atlética Sandy Barbour. Para ella, la frase «Somos Penn State» es mucho más que un eslogan; refleja su filosofía de liderazgo. La palabra *somos* es crucial para su enfoque, lo que la convierte en una líder ideal para navegar los desafíos de los deportes universitarios. Los entrenadores y líderes en el campus me dijeron: «Sandy nos habla; camina con nosotros. Trabaja con nosotros. Está ahí para nosotros. Colabora con nosotros». Al igual que Mulally, Barbour entiende que un equipo unido logra más que una persona trabajando sola.

No dejes que tu reptil se coma a tu perro positivo

La unidad y la conexión son cruciales para los equipos y organizaciones. Sin embargo, muchos líderes no logran crear esta unidad. Más allá del egoísmo, los principales culpables son la ocupación y el estrés. En algunas investigaciones se demostró que cuando estamos ocupados y estresados, activamos la parte reptiliana de nuestro cerebro, que está vinculada al miedo y la supervivencia[10]. Los reptiles, enfocados únicamente en sobrevivir, no pueden amar o conectar a menos que los beneficie. De manera similar, cuando estamos estresados, operamos en modo de supervivencia, enfocándonos en tareas urgentes en lugar de conexiones significativas. Este fenómeno, conocido como *inhibición cortical*, ocurre cuando la amígdala (cerebro reptil) toma el control del neocórtex, la parte racional y amorosa del cerebro, con la que tomas decisiones, rezas, agradeces y amas. Me refiero al neocórtex como la parte del *perro positivo* del cerebro, dado que refleja la naturaleza amorosa de un perro.

Los líderes positivos generan equipos unidos y conectados

Cuando estamos estresados, nuestro cerebro reptil anula a nuestro perro positivo y genera reacciones que luego lamentamos. Esto explica los arrebatos durante la furia al volante, los entrenadores que le gritan a los árbitros y los líderes que descuidan las conexiones con el equipo. Afortunadamente, tenemos un cuarto de segundo para permitir que nuestro perro positivo anule al cerebro reptil. Si reconocemos a la ansiedad y al estrés como enemigos, podemos hacer una pausa, tomar una respiración profunda y encontrar algo por lo que estar agradecidos. También, según las investigaciones no podemos estar estresados y agradecidos al mismo tiempo. Como líderes, nuestro papel es unir y conectar, no dejar que el estrés nos divida. Podemos detenernos y ser más intencionales y concentrarnos en las relaciones que realmente fomentan la unión, la conexión y a los grandes equipos. Cuando aprendas que la unión es la clave y que la ansiedad y el estrés son los enemigos, tendrás tiempo de generar relaciones estupendas. Una organización unida se construye sobre grandes relaciones. Las relaciones y equipos fuertes crean una cultura fuerte. Este proceso requiere paciencia, esfuerzo, amor, comunicación, aliento, conexión, compromiso y cuidado. Comienza con un líder que inspira a otros. Ahora, hablemos de cómo crear unidad al construir grandes relaciones y equipos.

Los líderes positivos crean grandes relaciones y equipos

El liderazgo consiste en cuidar a tu equipo y ayudarlos a alcanzar su máximo potencial, no abandonarlos y siempre estar ahí para ellos.

Pete Carroll

Los líderes positivos crean grandes relaciones y equipos

Para unir a las personas y lograr un liderazgo eficaz, debes ser alguien a quien tu equipo quiera seguir. Incluso con la mejor visión y misión, si no te siguen, no se unirán a ti. Las personas siguen al líder primero y su visión en segundo lugar. Tus palabras importan, pero tu carácter importa más. Liderar implica más que compartir una visión y ser optimista; incluye invertir en relaciones, sacar lo mejor de los demás, entrenar, animar, servir, cuidar y ser digno de confianza. Las preguntas clave de tu equipo son: «¿Puedo confiar en ti?» y «¿te importo?». Para ser un líder a quien la gente quiera seguir, debes ser alguien en quien puedan confiar y que se preocupa por su equipo. Para unir y conectar con otros, necesitas ser alguien que fomente conexiones fuertes.

El amor hace

El liderazgo comienza con el amor. Bob Goff, autor de *El amor hace*, cree que el amor es un verbo, una acción. Él enfatiza liderar y compartir el amor a través de acciones. Goff, quien fundó la organización sin fines de lucro *Love Does*, dedicó su vida a luchar contra las injusticias hacia los niños. Goff durante muchos años rescató a niñas menores de edad de la esclavitud sexual y luchó contra la prostitución forzada en India. Sus esfuerzos lograron al arresto de más de 80 criminales y ubicar niños víctimas de trata en hogares permanentes y temporarios. En Uganda, arriesgó su vida para llevar más de 200 juicios a los tribunales, ayudó a liberar a niños encarcelados. Gracias a Love Does también se construyó la Academia Restore Leadership, una escuela que atiende a más de 250 niños en el norte de Uganda. Cuando me piden que describa a Goff, digo que es una mezcla de Indiana Jones y Jesús. Confronta criminales e injusticias en todo el mundo mientras es uno de los líderes más amorosos y positivos. Cuando no está con su esposa a la que él llama «dulce María», Goff viaja a Uganda, salva niños, habla ante audiencias y responde llamadas de desconocidos. Incluso incluyó su número de celular en la parte trasera de su libro, y realmente responde esas llamadas, porque eso es lo que hace el amor. Goff compartió que la mayoría de los que llaman preguntan: «¿Bob, realmente eres tú?» y expresan su agradecimiento por su libro antes de colgar. Quieren saber que él es genuino. Al observar a Goff, es claro que la gente lo sigue con pasión y lealtad porque creen en su amor auténtico. Como líder, tu gente también quiere saber si eres genuino. Muéstraselo a través de tu amor y acciones.

El amor es el principio más importante del liderazgo en el mundo

Goff y muchos líderes positivos demuestran que el amor es el principio más importante del liderazgo. Hace poco hablé con una directora de escuela admirada por su comunidad, quien logro convertir su institución en riesgo en un modelo a seguir. Cuando le pregunté su secreto, me respondió: «Amo a mi personal y a mis estudiantes. Todo lo que hago es para ayudarlos a mejorar». En una conferencia de ventas, conocí al mejor vendedor de una empresa. Él compartió su secreto: «Amo a mis clientes, y ellos lo saben». De igual manera, tuve la oportunidad de visitar a un equipo deportivo profesional que, gracias a su entrenador, pasó de perder constantemente a convertirse en ganadores. Los jugadores atribuyeron su éxito al amor del entrenador por el juego y por el equipo, me dijeron: «Él ama el juego. Nos ama a nosotros. Somos como una familia». Independientemente del título o profesión, el amor es fundamental para el ser humano. Estamos moldeados por el amor, y nuestros equipos son impactados por nuestro amor. El amor distingue a los buenos de los grandes. Los buenos maestros conocen sus planes de lección; los grandes maestros conocen y aman a sus estudiantes. Los buenos entrenadores entienden las estrategias; los grandes entrenadores conocen y aman a sus jugadores. Los buenos vendedores saben cómo vender; los grandes vendedores aman a sus clientes. Los buenos líderes conocen su visión y propósito; los grandes líderes también conocen y aman a su gente. Para construir un gran equipo, negocio, familia, escuela u organización, ama a las personas que lideras y con las que trabajas.

Las reglas sin relación conducen a la rebelión

Andy Stanley dijo una vez: «Las reglas sin relación conducen a la rebelión». Muchos líderes imponen reglas sin formar relaciones con su equipo, lo que lleva a la falta de compromiso con la misión y visión de la organización. Los líderes a menudo descubren que enfocarse menos en las reglas y más en las relaciones resulta en un aumento del rendimiento, la moral y el compromiso. En la educación, se demostró que cuando los directores construyen relaciones con los maestros, el compromiso aumenta. De manera similar, los estudiantes rinden mejor cuando tienen una buena relación con sus maestros[11]. En los deportes, los jugadores se esfuerzan más por los entrenadores que se preocupan por ellos. En los negocios, los clientes permanecen leales y hacen recomendaciones cuando se sienten valorados por sus representantes. El éxito está arraigado en las personas y las relaciones. Construir relaciones sólidas lleva a un crecimiento y mejora colectivos. El cuidado genuino y la inversión en relaciones fomentan la confianza y la colaboración. Evita tener una agenda; enfócate en construir grandes relaciones y lograr la grandeza juntos.

La comunicación genera confianza

La comunicación efectiva es esencial para construir relaciones fuertes, que son la base de equipos y organizaciones exitosas. La mala comunicación a menudo lleva a la ruptura de estas relaciones y equipos. A pesar de tener numerosas formas de comunicarnos hoy en día, las interacciones significativas están disminuyendo, y afectan las relaciones, el trabajo en equipo y el rendimiento general. La comunicación fomenta la confianza, la confianza genera compromiso, y el compromiso mejora el trabajo en equipo y se generan grandes resultados. Sin comunicación, es imposible construir la confianza y el compromiso necesarios para un equipo exitoso.

Doc Rivers, entrenador principal de Los Angeles Clippers, enfatizó la importancia de la comunicación en una conversación que tuvimos. Me dijo: «Me comunico con mi equipo. En conjunto y uno por uno. Necesito saber en dónde está cada uno para poder liderarlos hacia donde necesito que estén. Como hablo muy seguido con ellos, sé quién está pasando por algún momento difícil personal. Sé quién necesita aliento y quién necesita un desafío». Luego, le pregunté qué le gustaría mejorar como entrenador. Me respondió: «Me gustaría mejorar mi manera de comunicarme». No lo podía creer. Frente a mí tenía un entrenador que todos consideran un excelente comunicador en los deportes y quería mejorar aún más sus habilidades de comunicación, lo que demuestra la importancia de la comunicación para los líderes. Muchos líderes se enfocan en la comunicación colectiva, pero las interacciones individuales son igual de importantes. Aunque puede ser un desafío tener comunicación uno a uno con todos en una organización grande, los líderes deben priorizar reuniones regulares con sus informes directos. Estos líderes deben luego asegurar una comunicación eficaz con sus equipos. Este enfoque mejora las relaciones, el trabajo en equipo y el rendimiento en toda la organización. Por ejemplo, un director de escuela podría programar reuniones breves diarias con los maestros y el personal. Un administrador de hospital podría hacer lo mismo con doctores y enfermeras, o un gerente de negocios podría tener reuniones semanales con sus informes directos. El entrenador Russ Rose del equipo de voleibol femenino de Penn State utiliza un «ejercicio de 1 Minuto» para reuniones breves y enfocadas uno a uno con las jugadoras. Proporciona retroalimentación, establece

Los líderes positivos crean grandes relaciones y equipos

expectativas y aborda cualquier pregunta, mejora el rendimiento individual y del equipo a través de una comunicación clara y directa.

La negatividad llena los vacíos de la comunicación

La negatividad llena los vacíos de la comunicación. La mala comunicación lleva a la propagación de energía negativa, lo que puede afectar rápidamente a un equipo u organización. La comunicación efectiva es crucial ya que construye relaciones, confianza y previene que los rumores y la negatividad echen raíces. Por ejemplo, los Angeles Clippers enfrentaron una crisis cuando su propietario, Donald Sterling, hizo comentarios racistas. A pesar del frenesí mediático, el entrenador Doc Rivers mantuvo una comunicación fuerte con su equipo, lo que los ayudó a mantenerse unidos. Los equipos con una comunicación débil podrían haber colapsado, pero el equipo de Doc se mantuvo resiliente. Para construir una base sólida es esencial comunicarse regularmente, no solo durante una crisis. Prioriza la comunicación ya que es vital para la fortaleza y cohesión del equipo. No siempre será fácil, pero es necesario. Involúcrate en la comunicación tanto individual como colectiva.

¿Cómo se puede llenar ese vacío en la comunicación? Puedes realizar reuniones a las 08:31 a. m. todos los lunes por la mañana para analizar los desafíos, objetivos semanales y los temas clave. También, puedes realizar teleconferencias diarias con el equipo de ventas para analizar los obstáculos, los éxitos y las oportunidades de aprendizaje. Establece sesiones virtuales diarias o semanales por Skype con un líder y su equipo virtual que se encuentra por todo el mundo. Coordina una llamada diaria por la tarde en la que el encargado comparta un mensaje inspiracional con todos en la compañía (como el autor de *El nuevo manager al minuto*®, Ken Blanchard, comparte con su compañía). En tu casa, realiza reuniones familiares semanales para analizar la misión familiar, los desafíos y cualquier preocupación. Estas prácticas ejemplifican cómo los líderes pueden mantener una comunicación frecuente, honesta y transparente con sus equipos y garantizar que todos estén informados sobre los cambios y desarrollos más importantes.

Lidera con la presencia

Una forma efectiva de mejorar la comunicación es salir de tu oficina y relacionarte con las personas a las que lideras. Esto puede significar visitar a tus colegas en sus oficinas, comer en la cafetería, como solía hacer Doug Conant, CEO de The Campbell Soup Company, o viajar a diferentes ubicaciones. La comunicación cara a cara es invaluable. Ayuda a derribar barreras y fomenta un sentido de unidad. Construyes relaciones sólidas, un equipo cohesionado y una organización robusta.

En *Primero ganas en el vestuario*, el entrenador Mike Smith describe que una parte importante de su rutina era visitar la sala de entrenamiento para ver a los jugadores que recibían tratamiento. Quería demostrarles que se preocupaba por su bienestar y no solo de su desempeño deportivo. Algunas de sus mejores conversaciones con los jugadores

Los líderes positivos crean grandes relaciones y equipos

ocurrieron en la sala de entrenamiento. También visitaba la sala de pesas para hablar con los jugadores y entrenadores asistentes, y se aseguraba de comer con sus jugadores, creía que facilitaba conversaciones naturales y la construcción de relaciones. Mike pasaba mucho tiempo en el vestuario, observaba las interacciones y el estado de ánimo general del equipo. Se refería a esto como «tomar la temperatura del edificio». En lugar de depender de un termostato, evaluaba la energía y el estado de ánimo del equipo de primera mano. Mike enfatizaba que los líderes deben evaluar la atmósfera de la organización no solo durante los tiempos difíciles, sino también cuando las cosas van bien. La dinámica de cualquier organización, ya sea en deportes o en negocios, está en constante cambio. Como líder, debes gestionar estas fluctuaciones y tomar regularmente la temperatura. Entender el estado de ánimo de la organización en todo momento ayuda a tomar decisiones informadas. Mike tenía «termostatos» en todo el edificio, personal de entrenamiento, gerentes de equipo, personal de comunicaciones y miembros del equipo de desarrollo de jugadores. Al caminar por ahí, les preguntaba: «¿Cuál es la temperatura de hoy?». Estas conversaciones proporcionaban valiosos conocimientos sobre el estado de ánimo y las situaciones de los jugadores. Al mantenerse informado, Mike podía abordar posibles problemas antes de que afectaran la cultura y el rendimiento. Como líder, es crucial involucrarse con aquellos que están más cerca de los desafíos que enfrenta tu organización. Haz preguntas, escucha, aprende y usa esta información para tomar decisiones estratégicas.

Escuchar también es comunicar

La comunicación implica tanto hablar como escuchar. La comunicación efectiva no se trata solo de elocuencia, sino también de la capacidad de escuchar, procesar información y tomar decisiones informadas para el beneficio del equipo y la organización. Los buenos oyentes realmente entienden el mensaje del hablante. Durante mis siete años trabajando con Mike Smith, el entrenador de los Falcons, observé que su mayor fortaleza como líder era su capacidad para escuchar a su equipo. Siempre que visitaba las instalaciones, veía a los jugadores de Mike hablando con él, y él escuchaba atentamente. Esto demostraba su preocupación por ellos, lo que los motivaba a dar su mejor esfuerzo.

Según los resultados de una investigación las personas se sienten valoradas cuando sienten que realmente se las escucha y ve. Sin embargo, esto ocurre en solo el 10 por ciento de nuestras conversaciones. Como líder positivo, es crucial ser un comunicador positivo que escucha y hace que los demás se sientan importantes.

Mejora tu comunicación positiva

Los líderes positivos también son comunicadores positivos. Elevan a quienes los rodean a través de su comunicación. Una de mis frases favoritas, por ejemplo es: «grita los elogios, susurra las críticas», se origina de los entrenadores Chuck Daly y Brendan Suhr. Ellos lograron que sus equipos llegaran a los campeonatos de la NBA y a una medalla de oro olímpica al elogiar públicamente y criticar en privado a sus jugadores. El elogio público aumenta la moral, mientras que la crítica privada ayuda a las personas a mejorar. Ambos métodos construyen equipos más fuertes.

Sonreír es otro aspecto clave de la comunicación positiva. Una sonrisa genuina aumenta los niveles de serotonina, tanto en quien la da como en quien la recibe, actúa como un antidepresivo natural. Nunca subestimes el poder de una sonrisa; puede hacer que alguien se sienta mejor al instante.

Los comunicadores positivos también difunden chismes positivos. En lugar de compartir noticias negativas, destacan los logros y las buenas cualidades de los demás. Mi compañero de universidad, Mike Connelly, es conocido por esto. Siempre comparte noticias alentadoras sobre nuestros amigos en común y crea un ambiente positivo a su alrededor. Jamás dice algo negativo sobre nadie.

Los líderes y comunicadores positivos dan la bienvenida a las críticas y sugerencias para mejorar. Ven la crítica como una oportunidad para crecer. Envían un mensaje claro de que están abiertos a aprender y mejorar. Por ejemplo, cuando mi esposa me ofreció consejos sobre crianza, escuché en lugar de ponerme a la defensiva. Implementar sus sugerencias me hizo un mejor padre.

La comunicación no verbal también es crucial. Los comunicadores positivos usan asentimientos, expresiones faciales, choques de manos, apretones de manos, palmadas en la espalda y abrazos apropiados para alentar a los demás. En algunos estudios se demostró que el contacto físico, cuando se hace de manera adecuada, tiene beneficios significativos en varias relaciones, incluso entre médicos y pacientes, profesores y estudiantes, y atletas profesionales. En un mundo donde el contacto físico se convirtió en tabú por el uso indebido, debemos recordar que es una forma utilizada por los humanos para comunicarnos naturalmente y es muy poderosa y beneficiosa cuando *se utiliza de manera adecuada y con buena intención*[12].

En resumen, la comunicación positiva implica elogios públicos, sonrisas genuinas, difundir noticias positivas, dar la bienvenida a las críticas y usar señales no verbales. Estas prácticas construyen mejores individuos y equipos más fuertes.

Sé un motivador

Truett Cathy, el fundador de Chick-fil-A, una vez preguntó retóricamente: «¿Cómo sabes si alguien necesita ánimo?». Su respuesta: «Si están respirando». Todos necesitamos ánimo. Los líderes positivos inspiran a otros a lograr más de lo que jamás pensaron posible. El mundo necesita más motivadores. Con tanta negatividad alrededor, necesitamos personas que nos digan que podemos tener éxito. Recuerdo que mi profesor de inglés en la escuela secundaria me aconsejó no postularme a la Universidad de Cornell, dudaba de mi capacidad para ser aceptado y tener éxito. Irónicamente, ahora soy escritor. Casi no me postulo, pero un antiguo profesor, Iván Goldfarb, me animó. Me dijo: «Postúlate. Si te aceptan, entonces vas. Puedes hacerlo». Sus palabras marcaron la diferencia. Me postulé, me aceptaron y me especialicé en *lacrosse*. A menudo, pensamos que nuestro papel es inyectar «realidad» en la vida de alguien, para protegerlo del fracaso. Pero ya hay suficientes pesimistas en el mundo. Necesitamos

Los líderes positivos crean grandes relaciones y equipos

más optimistas y motivadores. Necesitamos personas que digan: «Creo en ti. Sigue tu pasión y vive tu propósito. Si tienes el deseo, tienes el poder para hacerlo realidad. Sigue trabajando duro. Estás mejorando. La economía es difícil, pero puedes hacer crecer tu negocio. El mercado laboral es desafiante, pero encontrarás el trabajo adecuado. Hemos enfrentado obstáculos, pero terminaremos el proyecto. Incluso si fracasas, te llevará a algo mejor. Estás aprendiendo y creciendo». Apreciamos a quienes nos levantan y nos animan. Recordamos las voces negativas, pero valoramos a los motivadores. Te invito a ser un motivador. El liderazgo consiste en compartir creencias. Decide hoy compartir una creencia positiva en alguien que la necesite. Levanta a los que se sienten abatidos. Nutre a tu equipo con energía positiva. Enfócate en las posibilidades en lugar de los obstáculos. Comparte ánimo. Construye relaciones. Es importante para todos y todos lo necesitamos.

Cree en los otros más de lo que ellos creen en sí mismos

Durante mi primer año de secundaria, intenté dejar el *lacrosse*. Sin embargo, mi entrenador, Tony Caiazza, no me dejó hacerlo. Predijo que jugaría *lacrosse* en la universidad, incluso sugirió que me uniría a la Ivy League. En ese momento, no sabía lo que era la Ivy League. El entrenador Caiazza tenía una visión para mi futuro que yo no podía comprender. Su creencia en mí superaba la mía. Finalmente, asistí a la Universidad de Cornell y jugué para el entrenador Richie Moran, quien también tenía fe en mí. Esta experiencia transformó mi vida. La diferencia clave entre el éxito y el fracaso a menudo radica en la creencia, que frecuentemente es inculcada por otra persona. Para mí, el entrenador Caiazza fue esa persona, y su creencia cambió mi vida. Como líder, puedes ser esa persona para otros al reconocer su potencial en lugar de sus limitaciones. Las personas logran cosas maravillosas cuando saben qué crees en ellas.

Ayuda a tu equipo a alcanzar su máximo potencial

En la universidad, jugué *lacrosse* y convencí a mi hija de jugar también. Al principio, en la escuela primaria, mostró poco interés. Mientras otros corrían en el campo, ella se quedaba quieta, recogía hierba y miraba al cielo, lo cual era frustrante de ver. En la escuela secundaria, se involucró más y practicamos juntos, mejoró sus habilidades con el palo. Sin embargo, durante los juegos, seguía siendo cautelosa. Mi frustración y altas expectativas casi la llevaron a dejarlo. Me di cuenta de que había atado mi identidad a su éxito. El libro de Joe Ehrmann *Inside Out Coaching* me enseñó a ser transformador y a cambiar mi enfoque. Seguí practicando con ella, enfocándome en el ánimo. En noveno grado, entró en el equipo de varsity de la escuela secundaria, pero fue relegada al banco por perder pases clave. Continúe animándola y seguimos practicando juntos, le decía que era imparable. A pesar de sus luchas iniciales, seguí reforzando este mensaje. En décimo grado, volvió a empezar, pero fue relegada al banco después de algunas malas actuaciones. Sabía que tenía potencial y continué animándola, diciéndole que era imparable. Esperaba que se diera cuenta de su potencial. Durante su tercer año, nuestra práctica y ánimo dieron frutos. Anotó 80 goles esa temporada, incluso 8 en la final de distrito y 7 en las semifinales estatales y ayudo a su equipo a llegar a la final estatal. La nombraron una académica *All-American* y recibió ofertas universitarias. Ver su éxito fue gratificante. Esta experiencia me enseñó el poder del liderazgo positivo. De casi arruinar la pasión de mi hija a convertirme en un líder de apoyo, fui testigo del impacto significativo del ánimo y la creencia.

Conéctate uno a uno

La comunicación efectiva y el estímulo construyen confianza y fortalecen las relaciones. Sin embargo, la verdadera conexión es donde se gana la confianza, se forman lazos y se genera compromiso. Los líderes positivos van más allá de la mera comunicación; se conectan a un nivel más profundo, de corazón a corazón. En el capítulo anterior, analicé cómo los líderes crean una organización y un equipo unidos y conectados. Esta conexión más amplia proviene de conexiones individuales. Los mejores líderes que he observado, como Cori Close (entrenadora de baloncesto de UCLA), Sherri Coale (entrenadora de baloncesto de la Universidad de Oklahoma) y Deanna Gumpf (entrenadora de softbol de Notre Dame), sobresalen en conectarse con sus equipos. Tratan a sus jugadores como familia, dedican tiempo y esfuerzo significativos para construir estas conexiones, lo que lleva a programas exitosos con el tiempo. Sin conexión, el compromiso es inalcanzable. Sin embargo, cuando los líderes se conectan, inspiran el compromiso que impulsa el rendimiento y el éxito. El verdadero entrenamiento y crecimiento solo son posibles a través de conexiones y relaciones sólidas.

Fui testigo de un excelente ejemplo de esto mientras visitaba a los Dodgers de Los Ángeles en 2016, el día antes de que aseguraran un lugar en la postemporada. Durante el entrenamiento de primavera, hablé con el equipo sobre la construcción de un equipo conectado y ganador. Seis meses después, estaba en la oficina del gerente Dave Roberts cuando uno de sus jugadores entró. Dave lo saludó con un abrazo de oso sincero, similar a un padre dando la bienvenida a su hijo a casa. Charlaron brevemente sobre la vida y la práctica antes de que el jugador se fuera. Le dije a Dave que me pareció excelente que lo abrazara de esa manera y él me explicó: «Lo hago todos los días. A menudo se detiene para hablar sobre la vida y los desafíos». Unas semanas después, vi a este jugador batear *home runs* en los Juegos 4 y 5 de la postemporada, ayudando a los Dodgers a avanzar. Fue una demostración poderosa del impacto del amor y apoyo de un entrenador. Este jugador, que había tenido dificultades el año anterior, se convirtió en un héroe porque su líder se tomó el tiempo para conectarse y preocuparse por él. El compromiso de Dave con la conexión se extendió a cada jugador y entrenador. Mientras me mostraba las instalaciones, observé sus interacciones significativas y frecuentes con todos. Fue inspirador ver el liderazgo positivo en acción.

Comprométete

Construir grandes relaciones y equipos requiere comunicación, ánimo, creencia, escucha y conexión. Sin embargo, sin compromiso, no se puede lograr nada significativo. Todo líder desea un equipo comprometido. Para fomentar el compromiso dentro de tu equipo, primero debes demostrar tu propio compromiso. No es suficiente solo hablar de ello; tu equipo necesita ver y sentir tu dedicación. Cuando lo hagan, estarán más dispuestos a comprometerse contigo y entre ellos. Cuando los líderes me cuentan que sus equipos carecen de compromiso, siempre les digo que deben liderar con el ejemplo: «Explícales qué significa el compromiso yendo más allá. Empieza contigo».

—¿Qué significa? —me preguntan.

—Significa priorizar las necesidades de los demás antes que las tuyas.

Ayudar para ser grande

Un equipo siente el compromiso de un líder cuando el líder los ayuda. Figuras históricas como Jesús, Martin Luther King y la Madre Teresa ejemplificaron esto con sus acciones. A lo largo de los años, he conocido a muchos líderes que ayudaron a sus equipos de maneras impactantes. Algunos líderes creen que a medida que ganan poder, sus equipos deberían ayudarlos más. Sin embargo, los líderes positivos entienden que su rol es ayudar a sus equipos. Ayudar al equipo genera que el equipo y el líder crezcan. No puedes ayudarte a ti mismo y a tu equipo simultáneamente. Debes elegir entre *ayudarte* o *ayudarnos*. Decide si quieres ser un «líder» que se ayuda a sí mismo o un verdadero líder que ayuda a los demás.

Ser un líder positivo que ayuda es un desafío en el mundo de hoy. Los líderes enfrentan una inmensa presión para rendir. Los líderes empresariales deben responder al mercado de valores, a las juntas directivas y a los accionistas. Los entrenadores responden a los propietarios, gerentes generales y fanáticos. Los líderes escolares responden a las juntas escolares, superintendentes y padres. Estas expectativas crean estrés, que puede llevar a los líderes a enfocarse en la autopreservación en lugar de ayudar a sus equipos. Cuando los líderes se enfocan en resultados a corto plazo en lugar de los miembros de su equipo pueden sobrevivir temporalmente pero no prosperarán a largo plazo. Los líderes que se ayudan a sí mismos no dejan legados duraderos. Pueden lograr éxitos a corto plazo, pero la verdadera grandeza proviene de sacar la grandeza en los demás. Los grandes líderes son grandes servidores. Sacrifican y ayudan para lograr que los miembros de su equipo sean su mejor versión. En última instancia, no tienes que ser grande para ayudar, pero debes ayudar para ser grande. Pregúntate diariamente: ¿Qué estoy haciendo para ayudar a mi equipo y a aquellos a quienes lidero? ¿Cómo puedo ayudarlos a ser su mejor versión? ¿Cómo puedo mostrarles mi compromiso? Estas preguntas son esenciales para convertirse en un mejor líder.

Lava la ropa

Hace unos años, mientras escribía un nuevo libro, mi hijo me pidió que jugáramos al ping-pong. Estaba muy ocupado y le dije que no. Volvía una y otra vez. Finalmente le dije: «No puedo, estoy escribiendo un libro sobre relaciones comprometidas». Lo irónico es que estaba escribiendo ese libro para explicar cómo lograr relaciones comprometidas, pero estaba muy ocupado para hacerme tiempo para las relaciones más importantes de todas.

Cada año, elijo una palabra para guiarme, y ese año fue «ayudar». Viajaba mucho para conferencias, dejaba a mi esposa y a mis hijos adolescentes a cargo de la casa sin mi ayuda. Al darme cuenta de que mi familia me necesitaba, rechacé varios compromisos para estar más presente en casa. Fue un año desafiante. Mi hija tenía problemas en la escuela, mi esposa y mi hijo solían estar en conflicto, y mi esposa estaba muy estresada. Estaba muy frustrado porque quería que mis hijos fueran independientes como yo cuando era niño. Quería que mi esposa pudiera gestionar todo sola. ¿Por qué necesitaban mi ayuda? ¿Por qué no podía enforcarme en cambiar el mundo? ¿Por qué no podía tener un equipo diferente? Sí, lo confieso. Quería otro equipo. ¿Alguna vez has deseado tener un equipo diferente? Como líder, entrenador o padre, probablemente sí. A pesar de mis frustraciones, me comprometí a ayudar a mi familia. Llevaba a mi hija a la escuela, la ayudaba con los deberes, acostaba a los niños y lavaba la ropa. Me involucré profundamente en sus vidas diarias. Al final del año, mi esposa bromeó diciendo que mi palabra para el próximo año debería ser «egoísta» porque era la primera vez que me veía hacer tanto por la familia. Le aseguré que «ayudar» ya estaba arraigado en mí. Ayudar a mi familia era mi manera de mostrar compromiso. Aprendí que no necesitaba un equipo diferente; necesitaba ser un mejor líder. Enfocarme en «nosotros» en lugar de en «mí» me hizo más eficaz. Los desafíos con mi familia fueron oportunidades para crecer como líder. Irónicamente, este compromiso también impulsó mi carrera.

Cuando estás comprometido, tu equipo lo nota. Mi hijo se lesionó la espalda jugando al tenis, y durante una visita al quiropráctico, mi esposa mencionó que yo estaba hablando en la Conferencia de Líderes Mundiales. El quiropráctico dijo que yo era «algo famoso», pero mi hijo respondió: «No en nuestra casa. Él lava la ropa». Este comentario me hizo dar cuenta de que mi hijo notaba mi compromiso en casa, lo cual significaba todo para mí. No aspiro a ser un nombre conocido; quiero ser significativo en mi propio hogar. Mi hija ahora sobresale en la escuela, mi esposa es más feliz, y estoy ayudando a mi hijo a ser su mejor versión. El éxito comienza cuando mejoras el equipo que te rodea, ya sea en casa, en el trabajo o en los deportes.

No se trata de ti

Conocí a Carl Liebert por primera vez cuando era el CEO de 24 Hour Fitness. Me invitó a hablar con los líderes de su empresa. Liebert, graduado de la Academia Naval y exjugador de baloncesto de la Marina junto a David Robinson, tuvo una exitosa carrera en Home Depot antes de unirse a 24 Hour Fitness. Él trajo un enfoque de liderazgo de servicio a la compañía. Antes del mandato de Liebert, los ejecutivos de 24 Hour Fitness tenían entrenadores personales que los visitaban en sus hogares. Liebert decidió cambiar esto, hizo que sea obligatorio que los ejecutivos entrenaran en los centros. Esto les permitió interactuar con el personal y encontrar mejores maneras de servir a su equipo y a los clientes. También requería que los ejecutivos trabajaran una semana al año en una de sus ubicaciones, en roles como ventas de membresías, entrenamiento físico o servicios de membresía. Esta experiencia ayudó a los líderes a comprender y servir mejor a su equipo y a los miembros, al demostrar su compromiso. Después de transformar 24 Hour Fitness, Liebert se convirtió en el COO de USAA Insurance. Allí, continúa mostrando liderazgo de servicio y compromiso. He observado su liderazgo en USAA, donde lidera con autenticidad, humildad y compromiso. Busca opiniones, invita a recibir comentarios y comparte su palabra clave con todos en la compañía, alentándolos a compartir la suya. Se enfoca en desarrollar las fortalezas de cada miembro del equipo y los entrena para que den lo mejor de sí mismos. Lo más importante, lidera con humildad, sabe que se trata de su equipo, no de él. Aunque no le gusta el reconocimiento, debo compartir su poderoso ejemplo. Recuerda, no se trata de ti; se trata de comprometerse con los demás.

Comprométete a entrenar

A menudo hablo sobre los entrenadores porque paso mucho tiempo con ellos y admiro cómo los grandes entrenadores se comprometen con sus equipos. Entrenadores renombrados como Greg Popovich de los San Antonio Spurs y Bill Belichick de los New England Patriots son celebrados por sus mentes estratégicas. Sin embargo, su verdadera fortaleza radica en su dedicación a entrenar a sus jugadores para que sobresalgan. Invierten profundamente en sus jugadores, tanto como individuos como en su desempeño, fomenta mejoras en todos los aspectos de sus vidas. Aunque los medios no los etiqueten como líderes positivos, sus jugadores reconocen su liderazgo impactante. Los líderes en todos los campos pueden aprender de este enfoque. Aunque es imposible entrenar a todos en una organización, los líderes pueden entrenar a sus equipos de liderazgo, quienes a su vez pueden entrenar a las personas de su equipo directo y crear un efecto dominó en toda la organización. Si cada líder se comprometiera a entrenar, el rendimiento, la productividad y las ganancias aumentarían significativamente. Por ejemplo, el Ejército solía enviar a sus mejores hombres al prestigioso 75º Regimiento de Rangers, pero solo el 30 por ciento completaba el entrenamiento. Al invertir más en preparar a los candidatos, la tasa de éxito aumentó al 80 por ciento el año siguiente. Esta mejora se debió a un mejor entrenamiento e inversión en personas, procesos y preparación. Cuando los líderes se comprometen a entrenar desinteresadamente, cultivan una cultura de entrenamiento dentro de su organización y todos salen beneficiados.

El compromiso requiere sacrificio

Para construir un gran equipo y organización, y cambiar el mundo, las personas deben saber que arriesgarías tu seguridad por ellos. Necesitan sentir tu disposición a sacrificarte por su beneficio. Los líderes positivos no solo comparten una visión y toman el camino fácil. A menudo eligen un camino más difícil lleno de servicio y sacrificio. Analicemos el ejemplo de Rosa Parks. Mucho antes de que se negara a darle su asiento en un autobús a un hombre blanco en 1955, había sido activista. Desde 1943 fue miembro de la NAACP y protestó contra las injusticias en nuestro país. Ella decía sobre su negativa a ceder su asiento en el autobús: «Solo estaba cansada de ceder» y que su compromiso con los demás y su causa, encendió el movimiento de derechos civiles.

La Madre Teresa dedicó su vida a servir a los más pobres y convirtió una pequeña comunidad misionera en Calcuta en una organización global con más de 4000 monjas. Ganó el Premio Nobel de la Paz Su por su trabajo en orfanatos y con los enfermos e inspiró a muchos a ayudar, fue ejemplo del verdadero compromiso.

El éxito de Oprah Winfrey podría parecer egocéntrico, pero fue su perseverancia y dedicación a ayudar a otros lo que construyó su imperio mediático. Maya Angelou señaló: «Un líder ve grandeza en otras personas. No puede ser mucho de un líder si todo lo que ve es a sí mismo». Los líderes positivos reconocen y nutren el potencial en los demás.

Cuando ayudas a otros a mejorar, tú también lo haces

El compromiso de ayudar a otros a crecer conduce al crecimiento personal. Swen Nater, un All-American en Cypress Community College, fue reclutado por John Wooden para jugar en UCLA. Wooden le informó a Nater que no jugaría muchos partidos debido a la presencia de Bill Walton, el mejor centro del mundo. Sin embargo, Nater tendría la oportunidad de practicar contra Walton todos los días. El objetivo de Wooden era que Nater desafiara y empujara a Walton a mejorar. Nater aceptó este rol y se enfocó en hacer que Walton mejorara en cada práctica. A medida que Walton mejoraba, también lo hacía Nater. De manera notable, Nater se convirtió en el único jugador en la historia de la ABA y la NBA en ser seleccionado en la primera ronda sin haber comenzado un juego universitario. Fue nombrado Novato del Año de la ABA y disfrutó de una carrera de 12 años en la ABA y la NBA. Nater es un ejemplo de cómo ayudar a tu equipo a mejorar también impulsa la mejora personal. Al enfocarte en ayudar a otros, creces tú mismo. Servir a los demás y dejar el ego a un lado puede revelar tu propia grandeza. Los grandes líderes sirven a aquellos a quienes lideran. La dedicación de Nater a su equipo allanó el camino para su éxito en el baloncesto profesional y luego como ejecutivo en Costco, donde aún ayuda a sacar lo mejor de los que lo rodean. Hay numerosas maneras de ayudar a otros a mejorar. Aunque las acciones específicas pueden variar, comprometerse a ser un líder positivo dedicado a los demás transformará a tu equipo y al mundo.

Lo mejor de lo mejor

Conocí a un líder de las Fuerzas Especiales de EE. UU. que me explicó cómo deben pasar una prueba para unirse al equipo de élite *Seal Team Six*. Aunque ya se consideran de élite, deben cumplir con criterios adicionales para formar parte del *Seal Team Six*. Durante las pruebas, el equipo actual busca características específicas. Si un candidato no cumple con sus criterios, le dicen educadamente: «Muchas gracias, pero no eres el adecuado».

Pregunté: «¿Qué es ser el adecuado?». Él me explicó que buscan individuos que no solo rindan al más alto nivel, sino que también apoyen a sus compañeros de equipo, mejoren su rendimiento y los ayuden a ser mejores en el proceso. Quedó claro que para ser de élite, puedes tener un alto rendimiento, pero si quieres ser lo mejor de lo mejor, debes ser un líder que transforma y mejora a los demás mientras sobresale por sí mismo.

Los líderes positivos se preocupan

Preocuparse es esencial. Sin amor, no hay cuidado, y sin cuidado, los líderes no invertirán el tiempo en unir, comunicar, animar, conectar, comprometerse, ayudar o sacrificarse. Los líderes positivos se preocupan por su equipo y su organización. Ellos buscan cambiar el mundo porque necesita un cambio. Su preocupación los impulsa a hacer más, dar más, animar más, ayudar más, guiar más, enseñar más, desarrollar más, construir más y, en última instancia, lograr más. El dicho: «a la gente no le importa cuánto sabes hasta que saben cuánto te importa» es popular porque es cierto. Cuando te preocupas por alguien, lo sienten. A cambio, ellos se preocupan por ti y te siguen con lealtad y pasión. Pat Summitt, la legendaria entrenadora de baloncesto femenino en Tennessee dijo: «Gané 1098 juegos y ocho campeonatos nacionales, y entrené en cuatro décadas diferentes. Pero lo que veo no son los números. Veo sus caras». Sus jugadoras la recuerdan por la manera en que se preocupaba por ellas, les dedicaba tiempo y siempre mantenía la puerta de su oficina abierta para conversaciones. Candace Parker, una de sus jugadoras, mencionó que aunque Summitt celebraba los campeonatos, era aún más apasionada por hacer una diferencia en las vidas de sus jugadoras.

Desarrolla tu marca de cuidado

Los grandes líderes tienen una *marca de cuidado*, una forma única de mostrar que les importa, que los distingue en su trabajo y en el mundo. Si has seguido la carrera de Derek Jeter, sabes que trató cada turno al bate como si fuera el último, terminó con su memorable *hit* ganador en su último turno al bate en el Yankee Stadium. El esfuerzo, la pasión, el amor por su equipo, el compromiso y la ética de trabajo de Jeter se han convertido en su *marca de cuidado* durante los últimos 20 años. De manera similar, la *marca de cuidado* de Doug Conant como CEO de Campbell Soup fue escribir más de 10 000 notas de agradecimiento a los empleados.

Drew Watkins, superintendente del Distrito Escolar Independiente de Prosper (ISD) en Texas, demuestra su cuidado de manera única. Escribe una nota personal de felicitación a cada estudiante que se gradúa. Lo mencionaron de casualidad en una conversación que tuve con su personal, como si no fuera la gran cosa, pero rápidamente pregunté: «¿Cuántos graduados tienen este año?». Me respondieron: «403. Él comenzó cuando apenas eran 80 en el distrito y continúa con esta tradición año tras año sin importar el crecimiento». Les pregunté cómo sabe sobre cada alumno, su personal reveló que conoce a cada estudiante personalmente, a menudo se lo ve en las escuelas en lugar de en su oficina. Su compromiso es evidente en las afectuosas respuestas de los estudiantes.

Cuando le pregunté a Watkins sobre cómo manejaría 1000 graduados, afirmó que continuaría con la práctica: «El día que deje de hacerlo será el día en que deba dejar este trabajo», dijo. Watkins también envía notas de cumpleaños a cada estudiante, abre las puertas de los autos, saluda a los estudiantes por la mañana, deja mensajes alentadores en las pizarras y envía palabras de sabiduría a los educadores todos los lunes. Mi publicación en Facebook sobre Watkins recibió numerosos comentarios de agradecimiento.

Un exalumno compartió:

«Lo conozco desde preescolar. Un día, durante mi penúltimo año de secundaria se sentó conmigo a la hora del almuerzo y me preguntó: "¿Todavía no te gusta la corteza?", se refería a mi sándwich, al que le había quitado la corteza. Que recordara eso después de tanto tiempo todavía me sorprende. Estoy agradecido de haberlo tenido como superintendente, no podría haber pedido uno mejor».

Algunas madres escribieron:

«Nunca olvidaré cuando mis hijos estaban en el jardín de infantes. Llegaron a casa y hablaron de un "hombre" que se sentaba con ellos en el almuerzo. Confundida, pregunté: "¿Qué hombre?", ellos rápidamente me respondieron: "El Sr. Watkins". Me asombró en ese momento y seis años después lo sigue haciendo cuando todavía abre las puertas de los autos y saluda a los niños, incluso bajo la lluvia».

«Le abrió la puerta del auto a mi hijo Jacob en su primer día de jardín de infantes y en su último día de secundaría. ¡No puedo creer que lo recordara! Me hizo llorar de la emoción».

Los maestros de Prosper ISD comentaron:

«Amo al Dr. Watkins. Doce años en Prosper ISD y tiene la misma pasión que el primer día. Es un orgullo ser parte de su personal».

«El Dr. Watkins lidera con el ejemplo. Muestra a los estudiantes, al personal y a la comunidad que se preocupa y nos cuida».

Los líderes positivos crean grandes relaciones y equipos

Las abrumadoras respuestas resaltan el impacto de un líder que cuida. Inspirado por Drew Watkins, busco mostrar más cuidado. Todos podemos esforzarnos por ser más como él, invertir en relaciones y demostrar cuidado. Cuando muestras que te importa de tu manera única, destacas en un mundo que a menudo olvida cuidar. Los líderes que cuidan unen, conectan, alientan y transforman equipos y organizaciones, y cambian el mundo.

El sándwich

El primer líder que conocí, mi mejor entrenadora y animadora, fue mi mamá. Ella no siempre era positiva consigo misma, pero me enseñó una lección profunda sobre el liderazgo positivo. Hace más de diez años, mientras caminaba con ella en el sur de Florida, noté que estaba inusualmente cansada. Mi mamá, siempre activa y llena de energía, nunca mostraba señales de cansancio, así que supe que algo andaba mal. «Vamos a casa para que puedas descansar», le sugerí.

—No, quiero caminar hasta la tienda para comprar comida y hacerte un sándwich para tu viaje de regreso a casa —insistió.

Me dirigía de regreso a Ponte Vedra Beach, y mi mamá estaba preocupada de que pudiera tener hambre durante el viaje de cinco horas. Su manera de cuidarme era cocinando para mí. Continuamos caminando hasta el supermercado, y mientras regresábamos, podía ver que su fatiga aumentaba. Cuando volvimos a su casa, estaba agotada, pero lo primero que hizo fue hacerme un sándwich. Mi mamá estaba luchando contra el cáncer, lo que explicaba su fatiga.

Nunca me dijo cuán grave era su situación o cuán escasas eran sus posibilidades de supervivencia. A pesar de luchar por su vida, su prioridad ese día fue hacerme un sándwich. En mi camino a casa, lo comí sin pensarlo mucho. Ahora, más de una década después, a menudo pienso en ese momento. Me doy cuenta de que no me hizo solo un sándwich, me demostró el significado del amor incondicional y del liderazgo positivo. En su funeral, muchos de sus clientes y colegas se acercaron y compartieron conmigo numerosas historias de actos desinteresados de amor que mi madre hizo por ellos. Resulta que ayudó a su equipo y a sus clientes, de la misma manera que ayudaba a su familia. A menudo pensamos que el gran liderazgo implica grandes visiones, metas, acciones y éxito. Mi mamá me enseñó que el verdadero liderazgo positivo se trata de ayudar a los demás a través de pequeños actos de amor desinteresado. Muchos aspiran a ser líderes prominentes, pero el verdadero liderazgo comienza haciendo las pequeñas cosas para ayudar a aquellos a quienes lideras. Siempre se trata de las pequeñas cosas. La unidad, las relaciones y el trabajo en equipo se desarrollan lentamente, un día, una interacción, un momento y un acto de cuidado a la vez.

Capítulo 9

Los líderes positivos luchan por la excelencia

La gente a menudo cree que debe elegir entre la positividad y ganar, pero este no es el caso. La positividad en realidad conduce a ganar.

Los líderes positivos se preocupan por los demás y mantienen el optimismo sobre el futuro, siempre buscan formas de mejorar. Su objetivo es transformar el presente en un futuro mejor, nunca conformándose con el *statu quo*. En consecuencia, constantemente se esfuerzan por mejorar ellos, a sus equipos, a sus organizaciones y al mundo. Persiguen la excelencia, construyen grandeza y a menudo intentan lo que parece imposible. Esta búsqueda requiere pasión, humildad, tenacidad, confianza, impulso y un deseo excepcional de ser los mejores y sacar lo mejor de los demás. Los líderes positivos hacen de su vida y trabajo una búsqueda de la excelencia. Cada día, se preguntan: «¿Cómo puedo mejorar para mejorar el mundo?». La búsqueda de la excelencia de un líder positivo es significativa porque eleva los estándares y el rendimiento de todos a su alrededor.

Humildes y curiosos

Los líderes positivos encarnan la humildad y una implacable sed de mejora. Reconocen que no lo saben todo y están comprometidos con el aprendizaje continuo. Constantemente buscan nuevas ideas y estrategias, con el objetivo de elevar tanto sus vidas personales como profesionales. Entienden que creer que han alcanzado la grandeza puede llevar a la complacencia. Estos líderes están impulsados por una profunda pasión por mejorar y crecer. Están dispuestos a invertir tiempo y esfuerzo para ayudar a sus equipos y organizaciones a lograr un éxito notable. Matt Ryan, el mariscal de campo de los Atlanta Falcons, ejemplifica esta mentalidad. Durante los campos de entrenamiento, siempre se sentaba en la primera fila, participaba activamente y buscaba retroalimentación sobre cómo podía mejorar. A pesar de tener un contrato de 100 millones de dólares, su motivación no era financiera. Su constante búsqueda de mejora como mariscal de campo y líder es evidente en su progreso anual.

Los líderes positivos nunca dejan de aprender y crecer. Recuerdo una conferencia de liderazgo en Dallas donde Zig Ziglar, el legendario orador motivacional, estaba presente. A pesar de su fama, Ziglar estaba en la primera fila y tomaba notas a los 82 años. Su humildad y hambre de conocimiento eran evidentes. Pasó sus últimos años aun esforzándose por mejorar. Me acerqué y le dije: «Zig, una de mis mayores metas en la vida era conocerte».

—Necesitas tener mejores metas —me dijo.

Después de tantos años, seguía teniendo muy buen humor. Era humilde y siempre buscaba aprender. Vivió unos pocos años después de ese día, pero siempre recordaré que pasó sus últimos años en busca de nuevos conocimientos.

Amo la respuesta de Pablo Casals, el renombrado violonchelista, cuando le preguntaron por qué continuaba practicando a los 90 años. Él respondió: «Porque creo que estoy progresando». Esta declaración captura perfectamente la esencia de los líderes humildes y curiosos.

No hay línea de meta

Durante un almuerzo con George Raveling, el reconocido entrenador de baloncesto universitario del Salón de la Fama, descubrí que después de tres décadas de entrenamiento, pasó a la radiodifusión durante unos años antes de unirse a Nike a los 62 años como su director de marketing deportivo internacional de baloncesto. Mientras que la mayoría de las personas se preparan para la jubilación a esa edad, George encontró su tiempo en Nike tan enriquecedor como asistir a la Escuela de Negocios de Harvard. Aprendió más en esos 18 años que en los 52 anteriores. A los 80 años, George lee 50 libros al año y constantemente se pregunta: «¿Qué necesito saber que no sé? ¿Qué necesito olvidarme para aprender?». Su objetivo diario es impactar positivamente tantas vidas como sea posible. Cuando le preguntaron si alguna vez se retiraría, George respondió: «Lo he pensado, pero entonces, ¿qué haría?». A pesar de haber enseñado e influenciado a innumerables entrenadores, jugadores e individuos, sigue esforzándose por más. Refleja uno de los lemas de Nike, dijo: «No hay línea de meta». A los 80 años, George sigue aprendiendo, creciendo y mejorando. Tú puedes hacer lo mismo a cualquier edad. Sigue aprendiendo. Sigue mejorando. Sigue ayudando a los demás. Sigue teniendo un impacto positivo. No hay línea de meta.

Exigir sin ser demandante

Muchos asumen que los líderes positivos son demasiado amables, indisciplinados y despreocupados por los resultados. Esto es un error. Los líderes positivos desafían y animan a sus equipos a mejorar continuamente. Las altas expectativas son esenciales para el liderazgo positivo. Por ejemplo, Alan Mulally transformó una empresa que perdía $14 mil millones en un negocio rentable, manteniendo altas expectativas mientras proporcionaba el apoyo y la orientación necesarios. Pete Carroll, entrenador de los Seattle Seahawks, ejemplifica este equilibrio. Fomenta una cultura divertida, pero sigue siendo altamente competitivo. Su creencia en el poder de la competencia es central para la filosofía del equipo e impulsa su pasión por la mejora y el éxito.

Amor y responsabilidad

Los líderes positivos que crean equipos y resultados asombrosos brindan tanto amor como responsabilidad. Esta combinación es esencial para grandes equipos, organizaciones, relaciones y resultados. Alan Mulally enfatizó la importancia de amar a tu gente mientras los haces responsables del plan, proceso, principios y valores de la cultura. Su enfoque de liderazgo incluye reunir a todos, fomentar el respeto, ayudar y apreciar a los demás, divertirse y disfrutar del viaje. Sin embargo, también implica una ejecución implacable del plan y establecer metas claras de rendimiento y asegurar que todos conozcan las metas, datos, estado y progreso.

Si hay un problema, no debe mantenerse en secreto. En su lugar, el equipo debe trabajar juntos para encontrar una solución. Fallar de alguna manera es aceptable, ya que se brindará apoyo para tener éxito. Sin embargo, hay cero tolerancia a las violaciones del proceso. Si alguien no está dispuesto a trabajar con otros en el plan, entonces la organización podría no ser el lugar adecuado para ellos. El papel principal de Alan era ser el guardián de la cultura y hacer que su equipo cumpliera con los principios, valores, proceso y comportamientos. Ignorar las violaciones del proceso señala una falta de compromiso, pero cuando los líderes muestran amor y hacen responsables a las personas, el progreso ocurre rápido. Inicialmente, el equipo de Alan en Ford era escéptico con su enfoque, pero su firme compromiso con los principios y el proceso ganó rápidamente su confianza y respeto, y mejoró el trabajo en equipo.

Dabo Swinney ejemplifica el equilibrio entre amor y responsabilidad, contribuye al éxito y prominencia de su equipo. Sus jugadores sienten su amor y saben que está allí para hacerlos mejores y mantenerlos en altos estándares. Clemson opera como una gran familia, con amor, estructura y disciplina. Cuando un jugador estrella violó las reglas del equipo, Dabo no lo dejó jugar el primer partido de la temporada, a pesar de la presión externa. Esta decisión reforzó la importancia de sus valores. El compromiso de Dabo con la cultura, los valores y el proceso es evidente en su libro de principios, que revisa con su cuerpo técnico durante un retiro de cuatro días cada año. Este libro representa la base de su éxito, y se comprometen a él mientras aman a sus jugadores y los hacen responsables. El amor sin responsabilidad resulta en relaciones fuertes pero no en un gran equipo. Un gran equipo se esfuerza por la excelencia juntos y logra grandes cosas. La responsabilidad sin amor lleva a la falta de compromiso, lealtad, pasión y trabajo en equipo, asemejándose a una familia disfuncional que solo sobrevive. Las reglas sin apoyo llevan a la rebelión, el estrés y el agotamiento.

Ama fuerte

Los líderes positivos se diferencian de los demás al priorizar el amor antes que la responsabilidad. Muchos hablan sobre el amor difícil. Para mí el amor es lo principal. Si tu equipo sabe que te importan, aceptarán los desafíos y se esforzarán más. Este enfoque no se trata de un amor difícil, sino de un *amor fuerte*. Mi amigo Buzz Williams, entrenador de baloncesto en Virginia Tech, ejemplifica esto al invertir profundamente en sus jugadores. Esta inversión le da el derecho de empujarlos más allá de sus zonas de confort, ayudándolos a lograr más de lo que creían posible. John Calipari, Stephanie White, Christine Halfpenny, Brad Stevens, Mike Matheny y Clint Hurdle también encarnan este liderazgo de *amor fuerte* y logran un impacto significativo. Liderar con amor no es solo una manera *bonita* de liderar; es *la* manera de liderar. Cuando amas a alguien, los ayudas a mejorar y los desafías a alcanzar su máximo potencial. Esto significa no permitirles conformarse con menos de lo mejor. Aunque tu equipo puede que no lo aprecie de inmediato, lo valorarán a largo plazo. A menudo les cuento esto a mis adolescentes porque se benefician de mi *amor fuerte*. Por experiencia, sé que un equipo no te rechazará si el amor es lo principal. Puede que no siempre les guste, pero entenderán que tienes sus mejores intereses en mente.

Artesanos y artesanas

Los líderes positivos inspiran a sus equipos a convertirse en artesanos y artesanas en lugar de simples carpinteros. Mientras que un carpintero construye, un artesano dedica tiempo, energía y cuidado adicionales para crear una obra de arte. Los artesanos se esfuerzan por construir obras maestras, buscando la excelencia en un mundo donde muchos se conforman con la mediocridad. Invierten más esfuerzo, sudor y años en dominar su oficio. Durante una charla con un equipo de béisbol de la MLB, pregunté cuántos creían que podían trabajar más duro. Todos levantaron la mano. Luego dije, «¿Cuál sería la siguiente pregunta?». Ellos respondieron: «¿Por qué no lo hacen?». La discusión reveló que para trabajar más duro tienes que preocuparte más. Cuando te importa profundamente tu trabajo, inviertes tu corazón, alma y pasión en él y superas distracciones para construir algo significativo y duradero. Los líderes positivos y sus equipos se preocupan más, lo que resulta en la creación de obras maestras.

En la biografía de Walter Isaacson sobre Steve Jobs se incluye una historia de Jobs de cuando era niño y ayudaba a su padre a construir una cerca. Su padre insistió en construir la parte trasera de la cerca con el mismo cuidado que la parte delantera. Cuando Steve le preguntó por qué importaba la parte de atrás cuando nadie notaría cómo está hecha, su padre respondió: «Pero tú lo sabrás». Esta lección sobre preocuparse mucho más influyó en Jobs y en la creación de los productos Apple con un cuidado excepcional, lo que generó la lealtad y pasión entre los clientes. Jonathan Ive, diseñador de muchos productos icónicos de Apple, declaró: «Creemos que nuestros clientes pueden percibir el cuidado que ponemos en nuestros productos». La dedicación de Apple a su trabajo inspiró la lealtad de los clientes. Steve Jobs, a pesar de no ser considerado universalmente un líder positivo, ejemplificó visión, misión, optimismo y una búsqueda de la excelencia. Su pasión atrajo e inspiró a las personas a crear obras maestras que cambiaron el mundo.

La regla del uno por ciento

La regla del uno por ciento es una guía simple para líderes y equipos que buscan la excelencia. En la regla se sugiere dedicar un uno por ciento más de tiempo, energía, esfuerzo, enfoque y cuidado hoy que ayer. Cada día debes dar un poco más de lo que diste ayer. Aunque calcular exactamente un uno por ciento es poco práctico, la idea es exigirse un poco más cada día. Al mejorar constantemente, puedes alcanzar la excelencia y convertirte en tu mejor versión. Esto implica minimizar las distracciones y concentrarse en lo que realmente importa. Por ejemplo, un equipo de 35 personas implementó esta regla. Dijeron que si cada miembro daba un uno por ciento más cada día, el efecto acumulativo sería significativo. Con el tiempo, este enfoque llevó a un crecimiento notable tanto a nivel individual como de equipo.

Claridad y acción

Los líderes positivos buscan la excelencia, lo que requiere claridad y acción. Alan Mulally para ejemplificar esto me mostró tres imágenes clave. La primera imagen mostraba su sistema de gestión «Trabajemos juntos», que describía 11 principios como «las personas primero», «todos están incluidos», y «objetivos de rendimiento claros». La segunda imagen era el proceso del «mapa de creación de valor» de Mulally, en donde se detallaba el proceso y la estrategia para implementar el plan con su equipo. Cada parte clave del proceso y del plan estaban en una imagen con detalles de la visión, el proceso, el enfoque y la planificación. La tercera imagen era una versión personalizada del «mapa de creación de valor» para Ford, en una tarjeta de plástico de dos caras que entregaron a todos los empleados. Esta tarjeta incluía la visión, la estrategia y el plan: Un Ford. Un equipo. Un plan. Un objetivo. Mulally enfatizó que todos necesitaban conocer, aceptar y confiar en el plan. Esta claridad empoderó a los empleados para actuar sin ambigüedad ni vacilación, fomentó la unidad organizacional y la disciplina operativa. La simplicidad de su enfoque aseguró que todos entendieran el proceso y pudieran actuar efectivamente y generó resultados importantes con el tiempo.

Como líder, recuerda que la simplicidad es poderosa. La claridad conduce a la concentración y la acción, lo que a su vez produce resultados. El optimismo por sí solo no es suficiente; combinarlo con claridad y acción transforma los sueños de hoy en la realidad de mañana. A través del amor, la responsabilidad, la claridad y un impulso implacable por la mejora, los líderes positivos pueden lograr la excelencia y crear un futuro mejor para todos.

Los líderes positivos luchan por la excelencia

Los líderes positivos lideran con un propósito

No nos agotamos por lo que hacemos.
Nos agotamos porque olvidamos por qué lo hacemos.

Habrá días en los que te despiertes y no te sientas positivo. A veces, tu cultura puede no parecer fuerte. Puedes cuestionar la visión de tu dirección. Los vampiros de energía pueden dominar las reuniones. Puedes luchar para comunicarte y conectarte. Habrá noches en las que te preguntes por qué elegiste un rol de liderazgo. Durante estos tiempos, tener un propósito es crucial. El propósito alimenta la positividad y te ayuda a superar los desafíos y avanzar. Es la razón por la que te despiertas y te esfuerzas por transformar tu equipo y organización. Sin un propósito mayor, no hay un deseo fuerte. Toda gran organización necesita un propósito mayor y todo líder positivo debe estar impulsado por él para liderar y hacer un impacto. Donna Orender, por ejemplo, encontró su motivación para transformar el PGA Tour y la WNBA a través de un propósito mayor. La motivación se desvanece, pero la motivación impulsada por un propósito perdura. Liderar sin propósito es como conducir de Nueva York a California con medio tanque de gasolina: te quedarás sin combustible antes de llegar a tu destino. Conocer y vivir tu propósito es como tener estaciones de servicio a lo largo del camino, lo que te permite seguir avanzando.

La gente piensa que el trabajo duro nos cansa. Sin embargo, es la falta de propósito lo que nos agota. No nos agotamos por lo que hacemos; nos agotamos porque olvidamos por qué lo hacemos. En una investigación se demostró que más personas mueren los lunes por la mañana a las 09:00 a. m. que en cualquier otro momento: la gente preferiría morir que ir a trabajar. Vivimos en un mundo donde muchos buscan la felicidad, pero no la pueden encontrar. Esto es porque la felicidad es un trabajo interno. Proviene del significado y propósito que das a tu trabajo. Por lo tanto, no busques la felicidad. Vive tu pasión y propósito, y la felicidad te encontrará. No persigas el éxito. En cambio, apunta a hacer una diferencia con un propósito mayor y el éxito seguirá.

Alan Mulally no transformó Ford solo porque creó una unidad organizacional y disciplina operativa. Inspiró a todos con un propósito mayor. Este propósito, que inspiró a Henry Ford, era «abrir las carreteras a toda la humanidad». Alan les recordó a todos en la compañía por qué existían y vivían con propósito, inspiró a otros a hacer lo mismo. Su objetivo era hacer una contribución significativa al mundo. Al salvar Ford, un ícono estadounidense, y miles de empleos, contribuyó a las economías de EE. UU. y a la internacional. Como líder, necesitas conocer, recordar y vivir tu porqué, e inspirar a tu equipo a hacer lo mismo. Cuando te impulsa un propósito, inspirarás a otros a conducir con propósito.

Encuentra y vive tu propósito

Tu viaje como líder comienza con entender tu propósito. ¿Por qué lideras? ¿Por qué haces tu trabajo? Sin un propósito claro no puedes compartirlo con los demás. En mi libro, *La semilla*, el personaje principal, Josh, lucha con esto. Conoce a un granjero que le da una semilla y le dice que encuentre el lugar adecuado para plantarla. A través de su viaje, Josh aprende que plantar la semilla donde está puede ayudarlo a descubrir su propósito. Esto nos enseña que cuando nos comprometemos a hacer una diferencia donde estamos, nuestro propósito mayor comienza a revelarse.

Tamika Catchings no se convirtió en una jugadora destacada de la WNBA solo a través del trabajo duro. Su éxito surgió de su deseo de inspirar y hacer una diferencia a través del baloncesto. De manera similar, Rhonda Revelle, quien ganó más de 700 juegos como entrenadora de softbol de Nebraska, estaba impulsada por su propósito de impactar las vidas de sus jugadoras tanto dentro como fuera del campo. En una investigación se comprobó que las personas se sienten más llenas de energía cuando usan sus fortalezas para un propósito mayor que ellas mismas[13]. Aunque no puedo definir tu propósito por ti, creo que todos pueden encontrar un propósito mayor en su trabajo actual. Por ejemplo, una agente hipotecaria que conocí en una conferencia me dijo que su trabajo es salvar matrimonios. Durante la gran recesión, se dio cuenta de que perder casas a menudo llevaba a rupturas matrimoniales. Hizo de su misión ayudar a las personas a mantener sus casas y, a su vez, sus matrimonios. No es sorprendente que fuera la mejor en su empresa. De manera similar, un conserje en la NASA sentía que su propósito era contribuir al alunizaje, un conductor de autobús tenía como objetivo mantener a los niños alejados de las drogas, y una asistente administrativa se convirtió en la directora de energía

133

de su empresa. Edith, una empleada de Popeye's Chicken en el Aeropuerto de Atlanta, contagia su alegría a miles de viajeros diariamente. Mi propósito es inspirar y empoderar a tantas personas como sea posible, una persona a la vez. Todos tenemos el poder de vivir un propósito extraordinario en cualquier trabajo.

Una amiga mía, una ejecutiva de recursos humanos en un hospital infantil, se sienta en el vestíbulo una vez a la semana para ver a los pacientes y sus familias. Esto le recuerda por qué su trabajo importa, más allá del papeleo y los problemas de recursos humanos. Al conectarse con su propósito, encuentra significado en sus tareas y sabe que contribuye a la misión del hospital de curar a los niños. Tu trabajo puede que no sea tu propósito final, pero a través del liderazgo, puedes usarlo para compartir tu propósito mayor. Recuerda, como líder, tu propósito es inspirar a otros a encontrar y vivir el suyo.

Comparte el propósito

Cuando hablo con líderes, los animo a combinar la visión y el propósito en una sola afirmación. Juntos, son más poderosos. La visión define hacia dónde te diriges; el propósito explica por qué. Combinados, impulsan tu viaje. Como líder, es crucial compartir y recordar a tu equipo y organización el propósito general de su existencia. ¿Por qué están aquí? ¿Qué impacto pueden tener? ¿Qué legado dejarán? Si la visión es la guía, entonces el propósito es el combustible que te lleva hacia ella. Todos necesitan una guía y un propósito mayor. Alan Mulally compartía la visión y el propósito antes de cada reunión. Steve Jobs, aunque no era conocido por su positividad, se guiaba por el propósito y lo compartía con todos en Apple. Los Pittsburgh Pirates tienen como objetivo ayudar a sus jugadores a convertirse en mejores hombres, con la creencia de que si son mejores hombres serán mejores jugadores de béisbol. Todos en su organización entienden y comparten este propósito.

Inspira a otros a vivir su propósito

Compartir el propósito de tu organización es crucial, pero también debe inspirar a otros. Como líder, tu objetivo es motivar a los demás a unirse y comprometerse con la misión. Es esencial comunicar por qué existe tu organización y la importancia del trabajo de cada persona. Muchos creen que necesitan trabajar en un refugio para personas sin hogar o viajar a África para marcar la diferencia. Aunque el voluntariado y los viajes de misión son admirables, recuerda a tu equipo que pueden llevar misión, pasión y propósito a su trabajo diario. Anima a tu equipo al destacar que aunque no construyan bibliotecas a nivel mundial, pueden encontrar propósito al leerles a sus hijos. Puede que no alimenten a las personas sin hogar todos los días, pero pueden nutrir a sus colegas y clientes con amabilidad y cuidado. Incluso si no inician una organización sin fines de lucro, pueden iniciar proyectos de caridad en el trabajo.

Recuerda, la palabra *caridad* significa «amor en acción». Puedes hacer una diferencia diaria e impactar a todos los que conoces. Aunque las personas no estén hambrientas de comida, puedes proporcionar alimento para sus almas, enriquecer tanto sus vidas como la tuya.

Los líderes positivos lideran con un propósito

Metas impulsadas por un propósito

Una forma efectiva de ayudar a las personas a vivir con propósito es guiarlas en la creación de metas impulsadas por un propósito. Por ejemplo, yo siempre elegía la leche de Organic Valley sobre otras marcas sin saber por qué. Después de visitar su sede en Wisconsin, aprendí que la empresa no priorizaba las metas de ventas e ingresos. Pronosticaban las ventas para presupuestar y crecer, pero veían los números como una consecuencia de vivir su propósito. En lugar de centrarse en metas numéricas, Organic Valley enfatizaba metas impulsadas por un propósito: apoyar a los agricultores, asegurar la sustentabilidad de la tierra y proporcionar a las familias productos lácteos saludables y libres de hormonas. Este enfoque llevó a un crecimiento continuo, impulsado por una misión que resonaba con la gente.

Hace unos años, hablé con un equipo de la NFL y les pedí a cada jugador que escribiera sus metas. Después de unos minutos, les pedí que rompieran sus papeles, me inspiré en el libro de Joshua Medcalf *Quema tus metas*. Se podían escuchar las quejas de los jugadores, pero les pregunté cuántos habían escrito metas como «ganar un *Super Bowl*» o «lograr x número de yardas». Todos levantaron las manos. Expliqué que todos en la NFL tienen metas similares, pero es el compromiso con el proceso, el crecimiento y el propósito lo que determina el éxito. Luego les pedí que escribieran sus compromisos y el propósito de jugar, que compartieron con el equipo. Fue un ejercicio poderoso.

Los números y las metas no impulsan a las personas; el propósito sí. Los resultados de las investigación demuestran que la verdadera motivación proviene del significado y el propósito, no de las recompensas externas. Un estudio de exalumnos de West Point reveló que aquellos con metas esenciales, como servir a su país, superaron a aquellos con metas no esenciales, como el prestigio. Las metas pueden motivar a corto plazo, pero sin un propósito significativo, la persistencia disminuye durante los desafíos[14].

Esto no significa que no debas medir números o tener metas. Medir los números es esencial, y los objetivos de ingresos a menudo son necesarios. Los números son indicadores de progreso, al igual que una báscula y una cinta métrica lo son para una dieta. Por ejemplo, Alan Mulally en Ford tenía claras metas de desempeño como parte de su plan. Cada organización quiere superar logros anteriores, ayudar a más personas o salvar más vidas. Identificar metas es importante, pero alinearlas con un propósito mayor mejora el rendimiento y la energía. Las metas impulsadas por un propósito conducen a resultados que superan con creces los objetivos numéricos por sí solos.

Una palabra

Una forma práctica de vivir con propósito durante todo el año es elegir una palabra que te inspire a vivir con más significado y misión. Mis amigos Dan Britton y Jimmy Page hace más de 20 años que hacen esto y las palabras que eligen han moldeado significativamente sus vidas. Hace unos seis años, compartieron cómo su familia elige una palabra cada año y crea una pintura de ella en la víspera de Año Nuevo. Luego exhiben estas pinturas en su cocina como un recordatorio diario. Encontré esta práctica poderosa y la adopté con mi familia, luego la compartí con varios líderes y equipos con los que trabajé. El impacto fue transformador. Los líderes compartieron palabras como «amor», «sueño», «invertir», «ir», «ejecutar», «valiente», «vida» y «relaciones». Dabo Swinney, después de ganar el Campeonato Nacional, dijo: «Mi palabra durante todo el año fue *amor* y le dije a mi equipo que su amor mutuo marcaría la diferencia». Esta idea se ha extendido ampliamente, con cientos de miles de líderes y equipos que ahora eligen una palabra cada año para inspirarse en el trabajo y en casa. Hendrick Auto incluso creó un coche cubierto con las palabras elegidas por todos sus empleados. Las escuelas han hecho camisetas y murales de una palabra, y las empresas y hospitales han colocado palabras en salas de reuniones y oficinas. Cuando hablo de esta idea, le pido a la gente que elija una palabra e identifique por qué la eligió. La razón detrás de la palabra le da significado y la convierte en un poderoso motivador. Este ejercicio también es beneficioso para que los líderes lo hagan con sus equipos. Imagina si todos con los que trabajas tuvieran una palabra para el año y realmente vivieran según ella. ¿Cuánto más poderosos e impactantes serían?

Palabra de vida

Además de seleccionar una palabra para el año, también animo a los líderes a elegir una palabra de vida. Cuando el concepto de Una palabra ganó popularidad, Dan, Jimmy y yo analizamos formas de dejar un legado más grande. Durante una conversación significativa, nos preguntamos: «¿Qué palabra pondrías en tu lápida?». Esto provocó un proceso de pensamiento diferente al de seleccionar una palabra anual. Dan eligió *pasión*. Jimmy eligió *inspirar*. Yo elegí *positivo* porque representa el trabajo y legado de mi vida. Luego consideramos palabras que podrían capturar la esencia y el legado de figuras históricas. Tal vez la palabra de vida de Abraham Lincoln habría sido *unidad*. La de Martin Luther King, Jr. podría ser *igualdad*. La de la Madre Teresa podría ser *compasión*, y la de Susan B. Anthony *voto*. Nos dimos cuenta de que ayudar a las personas a identificar su palabra de vida podría inspirarlas a vivir su propósito más elevado y dejar un legado duradero. Hemos guiado a muchos líderes en el proceso de encontrar tanto una palabra anual como una palabra de vida, y ha resultado ser excepcionalmente significativo y poderoso. Piensa en cada *palabra anual* como un capítulo de un libro, y tu palabra de vida como el título del libro. Juntas, te ayudan a definir y escribir la historia de tu vida, y a dejar y compartir tu mayor legado.

Deja un legado

Los investigadores preguntaron a un grupo de personas de 90 años qué harían de manera diferente si pudieran volver a vivir sus vidas. Mencionaron tres cosas clave:

1. Se tomarían más tiempo para reflexionar y disfrutar de los pequeños placeres, como el amanecer, el atardecer y los momentos de alegría.

2. Tomarían más riesgos y oportunidades, ya que la vida es demasiado corta para no hacerlo.

3. Dejarían un legado que perdure después de su muerte[15].

Los líderes positivos lideran con un propósito

Como líder, los legados más importantes que dejarás son las personas y un mundo que esté afectado por tu liderazgo y presencia. Para vivir una vida con propósito, considera cómo quieres ser recordado y qué legado quieres dejar. Este conocimiento guía tus acciones y liderazgo actuales.

Tim Tebow es un gran ejemplo de alguien que vive para dejar un legado. En lugar de simplemente disfrutar de su estatus de celebridad, usa su fama para hacer una diferencia a través de The Tim Tebow Foundation. A pesar de ser eliminado de los Broncos, Eagles y Jets, Tebow se mantuvo firme porque su identidad estaba arraigada en algo más grande que el fútbol. No solo buscaba ser un gran atleta, sino también cambiar vidas. Muchos conocen a Tebow como ganador del Trofeo Heisman y mariscal de campo de la NFL, pero pocos se dan cuenta de su impacto más amplio. Su fundación proporciona a huérfanos en cuatro países medicina, comida, ropa, educación y vivienda. También construye las Salas de juego de Timmy en hospitales infantiles y ofrece atención médica a través del Hospital Tebow Cure en Filipinas. Además, la fundación organiza *A Night to Shine* (Una noche para brillar), una noche de graduación inolvidable para adolescentes con necesidades especiales. Estos adolescentes, de 14 años y más, caminan por la alfombra roja, reciben ánimo y amor, y disfrutan de una noche de baile, estaciones de peluquería y maquillaje, entre otras cosas. El «Tebow Time» antes significaba hacer jugadas en el campo, pero ahora significa usar su tiempo para dejar un legado duradero para los demás.

Comparte grandes historias para contar

Lisa Rose, la creadora de First Fridays en Dallas, conoció a Deborah Lyons, quien había desarrollado un programa para ayudar a mujeres y niños a escapar de relaciones abusivas y volverse independientes. Deborah tenía el programa, pero le faltaban recursos y un lugar. Lisa involucró a su esposo Matt, el presidente ejecutivo de BNSF Railway, para apoyar esta misión. Juntos recaudaron fondos suficientes para construir The Gatehouse, una comunidad en Grapevine, Texas, con 96 departamentos en aproximadamente 24 hectáreas. Esta comunidad proporciona vivienda, comida, apoyo, mentoría, consejería e inversión a mujeres y sus hijos que huyen del abuso. Los residentes, llamados miembros, deben trabajar fuera de la comunidad mientras viven allí, y aprender a mantenerse, ahorrar dinero y vivir de manera independiente. La estancia promedio es de aproximadamente dos años. Lisa lo describe como un programa para un cambio permanente, enfatiza que no es un refugio sino una comunidad que ofrece una mano amiga, no una limosna.

The Gatehouse opera sin fondos gubernamentales, depende de donaciones de empresas y donantes privados. Lisa me mostró la comunidad, destacó el centro educativo, la capilla, la tienda general y los senderos para caminar. Compartió sus esfuerzos para recaudar un fondo de dotación para financiar su presupuesto anual, y así asegurar la continuidad de The Gatehouse más allá de sus vidas. Me conmovió profundamente y reconocí su compromiso no solo con los residentes actuales sino con las futuras generaciones. Al salir de The Gatehouse, reflexioné sobre el impacto duradero de su trabajo. Los niños y futuros residentes llevarán consigo historias de cómo Lisa, Matt, Deborah y The Gatehouse transformaron sus vidas. Aunque puede que no construyas una comunidad física, puedes crear un entorno de apoyo donde quiera que estés. Tu legado perdura a través del amor que compartes, las vidas que tocas y las historias que se cuentan sobre ti. Las personas a las que lideras contarán historias sobre ti mucho después de que te hayas ido, así que esfuérzate por darles grandes historias para contar.

Vida y muerte

Una experiencia cercana a la muerte puede aclarar tu propósito de manera drástica. Hace unos años, mi familia y yo estábamos en un vuelo de Los Ángeles a Atlanta. Poco después del despegue, el avión desaceleró repentinamente y se apagó la energía. El piloto anunció por el sistema de sonido: «Estamos experimentando una falla mecánica y vamos a regresar para un aterrizaje de emergencia». El avión descendió rápidamente, esto me causó dolor de cabeza. Miré a mi esposa e hijo, que estaban sentados unas filas atrás, y vi el miedo en los ojos de ella. Sostuve la mano de mi hija que estaba sentada frente a mí.

Pensé: «Esto no puede estar pasando. No estamos listos para morir. Aún tengo más libros por escribir». Unos minutos después, lograron estabilizar el avión. Los empleados de la aerolínea que estaban fuera de servicio, sentados como pasajeros, se levantaron y corrieron hacia la parte trasera. El piloto nos dijo que nos preparáramos para el impacto y que los vehículos de emergencia nos esperarían. A pesar de la calma, temía que el avión se incendiara o se desintegrara al aterrizar. Milagrosamente, aterrizamos a salvo. El piloto explicó que realizaron un descenso rápido para poder extinguir un incendio en uno de los motores, ya que esto causa un efecto similar a soplar una vela.

Después de desembarcar, mi hijo de 14 años dijo: «Dios no ha terminado con nosotros todavía. Significa que tenemos más trabajo por hacer». Tenía razón. Esa experiencia me dejó más inspirado para vivir mi propósito y dejar un legado. Si estás leyendo esto, tú también tienes más trabajo por hacer. Como líder, tienes más personas a las que inspirar, ayudar, animar, guiar, amar, servir y cuidar. Tienes más equipos que liderar y más personas a las que impactar. El mundo necesita un líder como tú para hacer la diferencia.

Capítulo 11

Los líderes positivos tienen determinación

El principal indicador del éxito no es el talento, el título, la riqueza o la apariencia. Es la determinación.

La investigación de Angela Duckworth en la Universidad de Pensilvania identifica la determinación como el principal indicador del éxito. La determinación es la capacidad de trabajar duro durante un largo período hacia una meta, perseverar y seguir adelante a pesar de la adversidad, el fracaso, el rechazo y los obstáculos[16]. El éxito requiere tiempo y esfuerzo. Los líderes enfrentarán numerosos desafíos, fracasos y contratiempos que podrían convertirse en obstáculos a menos que encuentren maneras de superarlos. Los líderes positivos tienen determinación y navegan o empujan a través de estos obstáculos para lograr su visión y objetivos.

Cuando prestamos atención a empresas y organizaciones exitosas, vemos su éxito actual, pero a menudo pasamos por alto el liderazgo y la determinación que los impulsaron a través de fracasos y momentos de duda, angustia, miedo y dolor. Por ejemplo, Kevin Plank, CEO de Under Armour, comenzó vendiendo una camiseta de alto rendimiento desde el sótano de su abuela en 1995, financiado por un préstamo de $40 000 de tarjetas de crédito al máximo. De manera similar, Sara Blakely, la dueña de Spanx, vendía máquinas de fax puerta a puerta a los 25 años y enfrentó numerosos rechazos antes de encontrar un fabricante para su nueva idea de ropa interior. Su perseverancia transformó la industria de las medias, convirtiéndola en la multimillonaria más joven en la historia gracias a su determinación.

Starbucks no alcanzó su quinta tienda hasta 13 años después de su fundación. Sam Walton abrió su segunda tienda siete años después de comenzar su empresa. Pat Summitt, la legendaria entrenadora de baloncesto femenino en Tennessee ganó su primer campeonato en su 13.ª año de entrenamiento. Dabo Swinney y Clemson perdieron 15 de sus primeros 34 juegos y tuvieron un récord de 6-7 en 2010. A pesar de esto, el director atlético de Clemson, Terry Don Phillips, creyó en Swinney, lo que llevó a un éxito constante y a un campeonato en 2016. John Wooden ganó su primer título nacional en su 16.ª temporada en UCLA.

Ya sea que busques transformar una empresa, hacer crecer una empresa emergente, construir un equipo ganador o llevar una organización exitosa al siguiente nivel, necesitarás tiempo y perseverancia. Duckworth afirma: «La determinación es pasión y perseverancia para objetivos a largo plazo». Es una combinación de maratón, carreras cortas y una pelea de boxeo. La determinación te permite avanzar a través del rechazo, el fracaso y la adversidad. Cuando la vida te derriba, la determinación no te dejará rendirte. Esto lleva a la pregunta: «¿Por qué la determinación te permite avanzar? ¿Cómo funciona? Si la determinación te impulsa, ¿qué impulsa la determinación?».

Debes saber lo que quieres

La verdadera determinación comienza con saber lo que realmente quieres. Cuando tienes una visión clara de tu objetivo, trabajarás diligentemente y con persistencia para lograrlo. Por eso es crucial tener una visión para el futuro. Antes analizamos la importancia de que un líder lleve tanto un telescopio como un microscopio. Incluso cuando otros no pueden ver tu visión y te consideran irrealista, tu compromiso con tu objetivo y tu perseverancia deben superar toda negatividad y duda. Sara Blakely enfrentó numerosos rechazos, pero no se dejó desanimar. Ella sabía cuál era su objetivo, creía en él y siguió trabajando hasta que otros reconocieron y entendieron su idea innovadora.

Conoce tus motivos

En el capítulo anterior, exploramos el poder del propósito. No solo alimenta la positividad, sino que también mejora significativamente la determinación. Entender tu *porqué* te ayuda a superar obstáculos. Cuando tu propósito supera tus desafíos, persistes. Mi padre era un oficial de policía en la ciudad de Nueva York. Cada día, mi madre se preocupaba de que él no regresara a casa. Arriesgaba su vida a diario, no por el sueldo, ganaba poco, sino por un propósito mayor. A pesar de los peligros y las preocupaciones de mi madre, él se mantenía comprometido. Su deber de hacer que Nueva York sea más segura lo mantenía en marcha.

Ámalo

Para sobresalir en algo, debes amarlo. Sin amor, no superarás los desafíos ni persistirás en las dificultades. La pasión por tu trabajo te impulsa a continuar a pesar de las opiniones o circunstancias externas. El éxito proviene de tu amor interno

Los líderes positivos tienen determinación

por tu trabajo, equipo, organización y el mundo que deseas cambiar. Este amor y determinación internos moldean tus experiencias externas.

El amor alimenta la perseverancia y supera el miedo. Aunque el miedo es poderoso y puede obstaculizar nuestras metas, el amor es más fuerte. Contrario a la creencia de que el amor es débil, en realidad es el antídoto contra el miedo. Actuamos por amor, no por miedo, incluso en situaciones peligrosas. El amor disipa el miedo y nos permite enfocarnos en nuestras pasiones y esfuerzos en lugar de en el temor al fracaso. Cuando hablo con líderes, entrenadores y atletas, enfatizo que deben centrarse en el amor por su trabajo en lugar del miedo al fracaso. El miedo drena energía, pero el amor la sostiene. El miedo nos hace preocuparnos por las opiniones de los demás, mientras que el amor nos impulsa a dar lo mejor de nosotros sin importar el resultado. Por ejemplo, un pateador de la NFL tuvo problemas durante su segundo año después de una exitosa temporada como novato. Comenzó a pensar demasiado y a preocuparse por el fracaso, lo que afectó su desempeño. Le recordé su amor inicial por el juego y lo animé a centrarse en esa pasión en lugar del miedo. Al volver a amar el juego, mejoró y tuvo una gran temporada. Este cambio no se debió a mi consejo, sino al redescubrimiento de su pasión. Si amas lo que haces, no le temerás y apreciarás el proceso y sus resultados.

Acepta el fracaso

El liderazgo positivo y la determinación implican entender que el fracaso es inevitable, pero no debes permitir que el fracaso te defina o te detenga. El fracaso es una parte integral del éxito. No es un enemigo, sino un socio en el crecimiento. El fracaso te transforma y ayuda a construir el carácter necesario para el éxito. Con determinación, ves el fracaso como un evento, no una definición, y sigues adelante, dejando el pasado atrás. El camino hacia la grandeza está adelante, no atrás. El fracaso y los desafíos son parte del viaje. No hay logro sin lucha, ni triunfo sin pruebas y fracasos. Las historias de líderes positivos que cambian el mundo a menudo implican superar la adversidad y el fracaso. La próxima vez que fracases, recuerda que George Washington perdió dos tercios de sus batallas, pero ganó la Guerra Revolucionaria. Abraham Lincoln enfrentó nueve derrotas electorales, la muerte de su esposa, un colapso nervioso y dos bancarrotas antes de convertirse en presidente. A Oprah le dijeron que no tenía lo necesario para estar en la televisión y la despidieron de su trabajo como presentadora de noticias. A Walt Disney lo despidieron de un trabajo en un periódico por falta de ideas. El primer manuscrito de un libro del Dr. Seuss fue rechazado por 27 editoriales. Steven Spielberg no fue aceptado en la escuela de cine de UCLA debido a sus calificaciones promedio. Phil Knight luchó con las finanzas de Nike durante más de 10 años, a menudo sin saber si la empresa podría pagar los sueldos. A Steve Jobs lo despidieron de Apple a los 30 años. Para tener éxito, debes estar dispuesto a fracasar.

Sigue haciendo las cosas de la manera correcta: confía en el proceso

David Cutcliffe, entrenador de fútbol americano en Duke, compartió que a pesar de un récord de 3–9 en 2010 y 2011, se mantuvo optimista. Creía en lo que estaba construyendo y sabía que estaban haciendo las cosas correctamente. De 2012 a 2015, Duke llegó a tres partidos de fútbol consecutivos de postemporada. He tenido conversaciones similares con mis amigos y entrenadores de *lacrosse* universitario como John Tillman (Maryland), Jeff Tambroni (Penn State), Kevin Corrigan (Notre Dame) y Nick Myers (Ohio State). Cada uno tomó programas y los desarrolló. La clave es seguir haciendo las cosas de la manera correcta, incluso si los resultados no son inmediatos. No te enfoques en los números. Confía en el proceso. Las acciones consistentes y correctas eventualmente llevarán a mejores números, más victorias y los resultados deseados.

Ignora a los críticos; haz el trabajo

Los líderes positivos no buscan reconocimiento ni enemigos. Lideran porque tienen una misión que cumplir. El liderazgo trae tanto elogios como críticas. Incluso si un líder encontrara una cura para el cáncer, algunos aún lo criticarían. Hubo una vez un líder que alimentó a los hambrientos, sanó a los enfermos y amó a los que nadie amaba, y sin embargo lo castigaron. Como líder, espera críticas. El liderazgo positivo significa tener la resiliencia para superarlas. Los líderes navegan a través de la adversidad y la negatividad. Liderar implica hablar y actuar a pesar de las críticas. La historia recuerda a aquellos que soportan las críticas para lograr la grandeza.

En el mundo actual impulsado por las redes sociales, tendrás más fans y críticos que nunca. La clave es: *no dejar que los elogios inflen tu ego, y no permitir que los críticos afecten tu confianza*. Enfócate en tu oficio e ignora a los críticos.

Evita la negatividad. Estás ocupado creando el futuro. Si hubiera escuchado a los críticos, habría dejado de intentarlo hace años. Nunca dejes que las opiniones de los demás definan quién eres o tu futuro. Tu identidad viene de adentro. Tu trabajo, liderazgo y misión son demasiado importantes como para dejar que otros dicten tu destino.

No importa lo que digan, solo ve y haz el trabajo.

Si te elogian, ve y haz el trabajo.

Si te critican, ve y haz el trabajo.

Si nadie te nota, solo ve y haz el trabajo.

Ve, haz el trabajo y lidera el camino.

Lidera con pasión.

Llénate de optimismo.

Ten fe.

Recárgate con amor.

Mantén la esperanza.

Sé terco.

Lucha la buena batalla.

Rechaza rendirte.

Ignora a los críticos.

Cree en lo imposible.

Ve.

Haz el trabajo.

Te alegrarás de haberlo hecho.

La verdadera determinación conduce al verdadero éxito.

Los líderes positivos tienen determinación

Capítulo 12

Lidera el camino hacia el futuro

Lo mejor está por venir.

En este libro, compartí historias de líderes positivos que han transformado sus equipos y organizaciones, y lograron un impacto significativo. A pesar de la prevalencia de la negatividad, tengo esperanza porque continuamente conozco nuevos y emergentes líderes positivos. Estos líderes me recuerdan que no tenemos que aceptar situaciones negativas. Podemos abordar los problemas, encontrar soluciones y avanzar. Independientemente de tu edad, antecedentes o carrera, puedes ser el líder positivo que naciste para ser. El liderazgo no se trata solo de naturaleza o crianza; se trata de revelar al líder que llevas dentro.

No necesitas cambiar de trabajo para ser un líder positivo. Por ejemplo, Tanya Walters, una conductora de autobús escolar en Los Ángeles. La conocí en una conferencia que di en California. Ella desafió a sus estudiantes con bajas calificaciones a mejorar sus notas y los llevó a excursiones educativas, eventualmente fundó la organización juvenil GodParents. Tanya podría haber conducido el autobús e ignorar los desafíos de los alumnos. Pero no. Eligió ser la conductora de un cambio positivo. En lugar de dejar que el mundo influya en ella, es una líder positiva que influye en el mundo.

También, puedes ser como Úrsula, una técnica de farmacia. Me comentó que es madre soltera, que ha pasado por muchos desafíos en su vida, pero que estaba muy orgullosa de su pasión por su trabajo. Sin embargo, cuando empezó a trabajar en la farmacia más difícil de la ciudad, su pasión rápidamente se desvaneció ya que tenía que trabajar con clientes difíciles y mucha negatividad. Estaba lista para rendirse, pero no quería dejar un trabajo que amaba. Después de leer algunos de mis libros, decidió que tenía un propósito: «Fomentar la positividad y el servicio desinteresado» y así revitalizó su pasión por su trabajo. Junto con el equipo empezaron a escuchar música, y el ambiente y la actitud de todos cambiaron inmediatamente. Ella me dijo: «¡Fue muy divertido! Los clientes difíciles con los que tenía que tratar, ahora son oportunidades para poder brillar. Mi meta es asegurarme de que se vayan con una sonrisa en la cara. Ayudo a mis compañeros en cada oportunidad que tengo. De nuevo amo mi trabajo. ¡Mi pasión ha vuelto!». Ella no necesitaba cambiar de trabajo, necesitaba cambiar su actitud y, en el proceso, la de todos a su alrededor.

Puedes liberarte de la negatividad, como muchos otros han hecho. Mi amiga Rachel, por ejemplo, en una fiesta no dejó de quejarse de su trabajo, de las políticas nuevas de la empresa, de que tenía pocas ventas. Quería decirle algo, pero no me daba la oportunidad. Finalmente, la detuve y le dije que tenía una opción: «Puedes aceptar las políticas nuevas de tu compañía, ir a trabajar con una actitud positiva y decidir dar lo mejor de ti todos los días. O puedes encontrar un nuevo trabajo en una nueva compañía. Pero hagas lo que hagas, deja de quejarte, porque no te sirve de nada». La conversación terminó y también nuestra amistad, pensé, ya que Rachel no me volvió a hablar por un par de meses. Después, con mi esposa la encontramos en el almacén y me dijo que si bien fue difícil escuchar lo que yo le dije, decidió seguir mi consejo. Se quedó en su trabajo, dejó de quejarse y comenzó a tener más ventas. Tres meses después de cambiar su actitud, sus ventas subieron un 30 por ciento. Un año después, un 70 por ciento. Tres años después de nuestra conversación inicial, me volví a encontrar con Rachel. Hacia un tiempo que no hablábamos. Me dijo que durante los últimos dos años sus ventas continuaron subiendo, tuvo dos ascensos y que este era su trabajo soñado, lideraba un departamento en la compañía. Es el trabajo que siempre quiso, trabaja más feliz y con más pasión que nunca. Rachel dejó de quejarse y comenzó a ganar.

Andy Green, un entrenador de béisbol de tercera base para los Arizona Diamondbacks, se destacó por su forma de invertir en las relaciones con los jugadores, su arduo trabajo, por ayudar a los demás y su liderazgo basado en el optimismo y la fe. Gracias a todo esto, atrajo la atención de los dueños y gerentes de los Padres de San Diego. Andy me dijo que no siempre se interesó en los demás. Cuando era un joven jugador de béisbol, solo quería lo mejor en su carrera. Pero después de que lo despidieran de los Cincinnati Reds, le dijo a su esposa que si alguna vez tenía la oportunidad de jugar en las Grandes Ligas nuevamente, sería por los demás y no por él. Tuvo otra oportunidad para jugar con los Mets y se convirtió en un líder. Recibió un premio al entrenador del año antes de empezar como entrenador en Diamonbacks. Es un líder positivo que decidió hacer la diferencia donde sea que esté y como resultado, ahora es un líder en el más alto nivel de la profesión.

A veces, ser un líder positivo requiere un cambio de carrera o de ubicación. Niki Spears dejó su trabajo como directora de escuela para crear el programa *El autobús de la energía para escuelas*, que transforma escuelas y desarrolla futuros líderes. Scott Harrison, un expromotor de discotecas, fundó Charity Water para proporcionar agua potable a millones y demostró el poder del liderazgo positivo.

A pesar de la negatividad en el mundo, esta es tu oportunidad para hacer una diferencia positiva. Alan Mulally, ex CEO de Ford, veía los desafíos como oportunidades para divertirse y crecer. Austin Hatch, quien sobrevivió a dos accidentes aéreos, decidió ser un milagro para los demás y ahora inspira a muchos con su historia.

Nick, un joven en el negocio de los seguros, transformó su vida y sus relaciones adoptando una actitud positiva. Su crecimiento le permitió apoyar a su amigo durante un momento difícil y demostró cómo un líder positivo puede impactar muchas vidas.

Tu decisión de ser un líder positivo no solo mejorará tu vida, sino que también afectará positivamente a quienes te rodean. Planta las semillas de la positividad hoy, y verás la cosecha mañana. Como líder positivo, harás de ti una mejor persona y a todos los que te rodean y crearás un efecto dominó de cambio positivo.

Notas

1. Puri, M. & Robinson, D. (2007). Optimism and economic choice. Journal of Financial Economics, 86, 71–99.

2. Seligman, M.E. & Schulman, P. (1986). Explanatory style as a predictor of productivity and quitting among life insurance sales agents. Journal of Personality and Social Psychology, 50(4), 832–838.

3. Fredrickson, B. (2001). The role of positive emotions in positive psychology: The broaden-and-build theory of positive emotions. American Psychologist, 56, 218–226.

4. Goleman, D. (2011). Leadership: The power of emotional intelligence. Florence, MA: More Than Sound Publishers.

5. Gottman, J. (1994). Why marriages succeed or fail. New York, NY: Simon & Schuster.

6. Baker, W., Cross, R., & Wooten, M. (2003). Positive organizational network analysis and energizing relationships. In J. Cameron, J.E. Dutton, & R. Quinn (Eds.), Positive Organizational Scholarship: Foundations of a New Discipline (pp. 328–342). San Francisco, CA: Berrett-Koehler Publishers, Inc.

7. McCraty, R., Atkinson, M., Tomasino, D., & Tiller, W. (1998). The electricity of touch: Detection and measurement of cardiac energy exchange between people. In Karl H. Pribram (Eds.), Brain Values: Is a Biological Science of Values Possible? Mahwah, NJ: Lawrence Erlbaum Associates, 359–379.

8. Fowler, J. & Christakis, N. (2008). Dynamic spread of happiness in a large social network: Longitudinal analysis over 20 years in the Framingham Heart Study. British Medical Journal, 337(no. a2338), 1–9.

9. Croft, A., Dunn, E., & Quoidbach, J. (2014). From tribulations to appreciation: Experiencing adversity in the past predicts greater savoring in the present. Social Psychological and Personality Science, 5(5), 511–516.

10. Reptilian coping brain. (2017). Retrieved from http://www.copingskills4kids.net/Reptilian_Coping_Brain.html

11. Rowland, K. A. (2008). The relationship of principal leadership and teacher morale. (Doctoral dissertation). Retrieved from ProQuest.

12. Cocksedge, S., George, B., Renwick, S., & Chew-Graham, C.A. (2013). Touch in primary care consultations: Qualitative investigation of doctors' and patients' perceptions. The British Journal of General Practice, 63(609), 283–290.

13. Rath, Tom (2007). Strengths Finder 2.0. Gallup Press.

14. Wrzesniewski, A., Schwartz, B., Cong, X., Kane, M., Omar, A., & Kolditz, T. (2014). Multiple types of motives don't multiply the motivation of West Point cadets.

Proceedings of the National Academy of Sciences, 111(30), 10990–10995.

15. Campolo, T. (2008). Letters to a young evangelical. Basic Books.

16. Duckworth, A. & Peterson, C. (2007). Grit: Perseverance and passion for long-term goals. Journal of Personality and Social Psychology, 92(6), 1087–1101.

Notas

Agradecimientos

Todos los libros que escribí los hice en cuatro semanas o menos y no soy el responsable de hacerlo así. Le agradezco a Dios por la inspiración, las ideas, la capacidad y la sabiduría para escribir libros. Le debo mucho a mi esposa, Kathryn, por su apoyo inquebrantable y su fe en mí. Muchas gracias, Ken Blanchard por ser un modelo a seguir y un mentor para mí. Junto con Norman Vincent Peale, su mentor, fueron los pioneros en el *Poder del liderazgo positivo*. Gracias a Daniel Decker por ser un gran amigo, socio comercial y miembro del equipo. Gracias a Shannon Vargo y Matt Holt de John Wiley and Sons por darme la oportunidad hace unos años, creer en mí y en *El autobús de la energía*. Ha sido un viaje increíble. Un agradecimiento especial a Elizabeth Gildea, Deborah Schindlar y Peter Knox por su ayuda en la publicación y promoción del libro. Gracias a Patrick Lencioni, Jeff Gibson y Amy Hiett por presentarme a Alan Mulally. Alan, tu ejemplo, sabiduría y conocimientos sobre el liderazgo positivo han sido invaluables. Siento que obtuve un Máster gracias a nuestra conversación. También, quiero agradecer a Dabo Swinney por tu amistad y la oportunidad de trabajar con el equipo de fútbol de Clemson. El viaje ha sido increíblemente significativo y gratificante. He aprendido mucho de ti. Gracias a Doug Conant, Dave Roberts, Donna Orender, Shawn Eichorst, Sandy Barbour, Mike Smith, Carl Liebert, Cori Close, Brendan Suhr, Billy Donovan, Doc Rivers, Kevin Eastman, Sherri Coale, Erik Spoelstra, John Calipari, Mark Richt, Clint Hurdle, Kyle Stark, Butch Jones, Tara VanDerveer, Andy Green, Drew Watkins, Rick Hendrick, John Desmond, Chad Knaus, Boo Corrigan, David Cutcliffe, John Tillman, Jeff Tambroni, Chip Kelly, Gus Bradley, Buzz Williams, Chad Morris, Christine Halfpenny, Rhonda Revelle, Steve Gilbert y George Raveling por la oportunidad de trabajar con sus equipos, aprender de ustedes y presenciar el liderazgo positivo en acción. Gracias a Jim Van Allan por tu ayuda en la investigación y a Joshua Medcalf por empujarme a mejorar el libro. Muchas gracias a mi hermano David Gordon por tus aportes e ideas. Gracias a Kate Leavell, Julie Nee, Amy Kelly, Brett Hughes, Anne Carlson y Brooke Trabert por leer el libro y darme sus opiniones. Gracias a todos los grandes líderes y empresas que me permiten trabajar con sus organizaciones y equipos. Gracias a todos los líderes positivos que sacan lo mejor de todas las personas que tienen a su alrededor ¡Juntos, cambiaremos el mundo!

Lleva el poder del liderazgo positivo a tu organización

IDEAS BÁSICAS

VIDEOS

PLAN DE ACCIÓN

REMOTO

Para obtener más información visita www.PowerofPositiveLeadership.com o comunícate al 904-285-6842.

Recursos del poder del liderazgo positivo

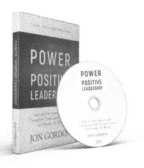

Visita el sitio web www.PowerofPositiveLeadership.com para obtener:

Un plan de acción

Un póster

Videos

Capacitación

Si deseas contactar a Jon Gordon y a su equipo, puedes comunicarte con The Jon Gordon Companies mediante la siguiente información de contacto:

Teléfono: 904-285-6842

Correo electrónico: info@jongordon.com

En línea: JonGordon.com

Twitter: @JonGordon11

Facebook: Facebook.com/JonGordonpage

Instagram: JonGordon11

Recibe los consejos positivos semanales de Jon en: JonGordon.com.

LIBROS EN ESPAÑOL DE
JON
GORDON

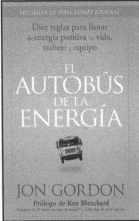

El Autobús de la Energía
ISBN: 978-1-394-34800-8

El Poder del Liderazgo Positivo
ISBN: 978-1-394-34801-5

Una Palabra Que Cambiará Tu Vida
ISBN: 978-1-394-34920-3

Primero Ganas en El Vestuario
ISBN: 978-1-394-34803-9

El Casco
ISBN: 978-1-394-34804-6

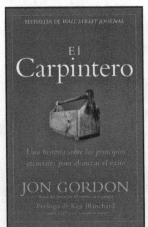

El Carpintero
ISBN: 978-1-394-34975-3

WILEY